인간은 전쟁의 동물 입니다.
그들은 땅과 재산을 보호하기 위해 싸울 것이며,
그들은 자신이 원하는 일을 하고자 싸울 것입니다.

인간은 또한 다른 사람의 땅이나 재산을 빼앗기 위해 싸울 것이며,
다른 인간의 행동이나 생각을 통제하기 위해 싸울 것입니다.

인간 세상에, 평화는 쉽게 오지 않을 것입니다.
그들이 평화를 일구기 위해서는
타인과 협력하기 위한 엄청난 노력이 필요할 것입니다.
평화를 향한 첫 걸음은 평화를 '선택'하는 일입니다.

이 책은 당신이 평화에 대해 생각하고
그것을 선택하게 하는 데 도움이 될 것입니다.
아마도 당신은 평화를 선택하겠지요.
그렇지 않을 수도 있지만.

마음에 평화를 주는 좋은 이야기

마가렛 리드 맥도널드 지음 / 이유경 옮김

HANEON.COM

마음에 평화를 주는 좋은 이야기

펴 냄	2004년 7월 25일 1판 1쇄 박음 / 2004년 8월 1일 1판 1쇄 펴냄
지은이	마가렛 리드 맥도널드
옮긴이	이유경
펴낸이	김철종
펴낸곳	(주)한언
	등록번호 제1-128호 / 등록일자 1983. 9. 30
주 소	서울시 마포구 신수동 63-14 구 프라자 6층(우 121-854)
	TEL. 02-701-6616(대) / FAX. 02-701-4449
책임편집	이은정 ejlee@haneon.com
디자인	이정아, 김희림
홈페이지	www.haneon.com
e-mail	haneon@haneon.com

이 책의 무단전재 및 복제를 금합니다.
잘못 만들어진 책은 구입하신 서점에서 바꾸어 드립니다.

ISBN 89-5596-186-3   03330

마음에 평화를 주는 좋은 이야기

마음으로부터 기원합니다.
당신이 평온과 조화의 풍경 속에
언제나 머물 수 있기를…

To ....
....
....
....
....
....
....

From ....

평화로 가는 계단

첫 번째 계단 _ 평화를 선택하십시오.

두 번째 계단 _ 내가 아닌 지구상의 다른 인간들의 욕구를
이해하려 해보십시오.

세 번째 계단 _ 다른 사람과 타협하는 방법을 배우십시오.

네 번째 계단 _ 타인에 대한 이해와 타협의 정신을 끊임없이
일깨우기 위해 노력하십시오.

평화로워지는 것은 얼마든지 가능합니다.
그러나 어디까지나 당신이 선택할 때만 그렇게 될 수 있습니다.

CONTENTS

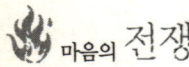

천국과
지옥의
선택

한 일본 무사가 존경받는 선사인 하쿠인을 찾아가 이렇게 물었습니다.

"극락과 지옥이라는 것이 정말로 존재합니까?"

"당신은 누구시오?"
하쿠인은 대답 대신 물었습니다.
"저는 사무라이입니다."
무사가 대답했습니다.
"네가 군인이라고?"
하쿠인이 소리쳤습니다.
"쳇! 세상의 어떤 왕이 당신 같은 사람을 군인으로 쓰겠는가? 몰골이 꼭 거지같이 초라하기 짝이 없구먼."
하쿠인의 조롱에 화가 난 무사는 칼을 뽑아 들었지만, 하쿠인은 개의치 않고 계속해서 말했습니다.

"그래, 꼴에 무사라고 칼은 가지고 있군. 고작 그 솜씨로 내 머리카락이라도 자를 수 있을까?"

참지 못한 무사가 제 화를 가누지 못해 얼굴을 붉히며 칼을 높이 쳐들었을 때,

하쿠인은 짧게 일갈했습니다.

"그것이 지옥이다."

이 말을 들은 무사는 선사가 무슨 교훈을 주려 했는지 깨닫고서, 칼을 바닥에 떨어뜨리고는 공손히 절을 했습니다.

그 모습을 보고 하쿠인은 천천히 덧붙였습니다.

"…그것이 바로 극락이다."

― 선불교 이야기

마음의 전쟁 WAR

우리를 슬프게 하는 마음
PATHWAYS TO SORROW

Two Goats on the Bridge

다리 위의 염소 두 마리

두 산이 만나는 계곡 위로 외나무다리가 하나 놓여 있었습니다. 그 다리는 너무 좁아서 둘이 같이 지날 수가 없었습니다.

두 산에는 각각 염소가 한 마리씩 살고 있었습니다. 서쪽 산에 사는 염소는 동쪽 산의 풀을 뜯어 먹기 위해 이 다리를 건너곤 했습니다. 반대로 동쪽 산에 사는 염소는 서쪽 산의 풀을 먹기 위해 이 다리를 건너곤 했습니다. 매일 먹이를 먹기 위해 그 다리를 건넜지만, 그들이 다리 위에서 마주치는 일은 한 번도 없었습니다.

그러던 어느 날, 두 마리 염소가 한꺼번에 다리를 건너게 되는 일이 생겼습니다.

여느 날처럼 다리를 건너려고 발을 내딛는 순간 둘은 다리 끝에 서 있는 상대를 발견했습니다. 하지만 두 마리 염소는 멈추지 않고 계속해서 걸어나갔습니다. 이윽고 그들은 다리 한가운데서 마주치게 되었습니다.

하지만 어느 하나 양보하려 들지 않았습니다.

"이봐 비켜! 내가 지금 다리를 건너고 있잖아!"

서쪽 산에 사는 염소가 먼저 소리쳤습니다.

"무슨 소리야! 길을 건너고 있는 건 나야!"

이번에는 동쪽 산에 사는 염소가 큰 소리를 쳤습니다.

둘 다 꼼짝하지 않은 채 이렇게 소리치기만을 반복했습니다. 그러나 정작 누구 하나도 앞으로 한 발짝도 나서지 못했습니다. 오랫동안 서로 화만 내면서 그 자리에 서 있었던 것입니다.

마침내, 그들은 서로 뿔을 부딪치며 서로를 밀어내기 시작했습니다. 둘은 힘이 엇비슷해 어느 한쪽이 밀리는 대신, 결국 둘 다 다리에서 떨어지고 말았습니다.

강물에 흠뻑 젖어서 춥고, 풀을 뜯으러 갈 수도 없게 된 둘은 몹시 화가 나 각자의 집으로 발길을 돌렸습니다.

  등을 돌려 집으로 돌아가던 그들은, 서로가 증얼거리는 소
리를 들을 수 있었습니다.
  "저놈의 염소 고집… 정말 못 말리겠군."

— 러시아 우화

강이 아무리 넓어도 배는 맞부딪히게 마련이다.
— 중국 속담

The Neighbor's Shifty Son

옆집의 음흉한 아들

한 농부가 어느 날 도끼를 잃어버렸습니다. 새로 장만하려면 여간 골치 아픈 게 아니라, 농부는 도끼를 찾아 여기저기를 뒤졌습니다. 도끼가 있을 만한 곳이라면 샅샅이 찾아보았으나 쉽게 찾을 수 없었습니다.

아무리 여기저기를 뒤져보아도 끝내 도끼가 발견되지 않자, 드디어 그는 틀림없이 이웃집에서 도끼를 훔쳐갔을 거라고 결론을 내렸습니다.

그날 이후, 농부는 의심에 찬 눈으로 이웃을 지켜보기 시작했습니다. 도끼를 훔치고도 아무렇지 않게 행동하는 이웃이 그렇게 교활해 보일 수 없었습니다.

시간이 지나자 그 집의 어린 아들까지도 의심이 갔습니다. 혹시 그 아이가 도끼를 가져간 게 아닌가 하는 생각을 떨칠 수가 없었습니다. 집안에 도끼를 훔쳐다 놓고도 자신에게 천연덕스럽게 인사하는 아이의 모습이 그 아버지처럼 음흉하게 보이기 시작했습니다. 행동거지 하나하나가 틀림없이 도둑처럼 보였습니다. 표정까지도 자신을 비웃는 듯 비열해 보였습니다.

자신에게 뭔가를 숨기고 있는 듯한 비굴한 모습을 보고 농부는 치를 떨었습니다.

농부는 옆집 부자父子 모두 믿을 수 없다고 생각했습니다.

어느 날, 농부는 가끔씩 나가곤 하는, 집에서 멀리 떨어진 일터엘 들렀습니다. 막 일을 시작하려고 겉옷을 벗어 나무등걸에 걸려 하던 차였습니다. 그 나무등걸 옆에 바로 잃어버렸다고 생각했던 도끼가 있는 것이 아닙니까? 일을 마치고 그곳에 도끼를 두고 와 놓고는 깜빡 잊어버린 것입니다.

농부가 집으로 돌아왔을 때, 옆집 아이가 마당에서 놀고 있었습니다. 소년은 이제 그저 평범한 아이로 보였습니다.
어디를 보나 교활함이나 음흉함은 보이지 않았습니다.

- 중국 이야기

 긴 뿔을 가진 황소는 비록 황소 스스로가 원하지 않더라도
누군가와 부딪히게 된다.

- 말레이시아 속담

A Dervish Hosts the Mullah

마음이 만들어내는 허상

한번은 물라 나스루딘*Mullah Nasrudin*이 우연히 한 수도승의 동굴에 숨어 들어간 적이 있었습니다. 밤이 되어 수도승의 동굴에 들어간 나스루딘은 안이 너무나 캄캄해 덜컥 겁이 났습니다. 게다가 나스루딘은 너무나 오랫동안 길을 잃고 방랑했기 때문에, 몹시 목이 말랐습니다.

나스루딘은 수도승에게 물을 구할 수 있는지 물었습니다.

"이 동굴에는 물이 없습니다. 하지만 동굴 밖 저 아래로 내려가면 샘이 있습니다. 여기서 별로 멀지 않은 곳이죠."

수도승이 가르쳐 주었습니다.

하지만 물라는 너무 무서워서 칠흑같이 어두운 밤에 혼자 물을 구하러 갈 용기가 나지 않았습니다.

"제가 가서 물을 떠오겠습니다."

나스루딘의 마음을 안 수도승이 마침내 말했습니다.

"안 됩니다! 나가지 마세요. 저를 이 어두운 동굴에 혼자 두지 마십시오."

겁에 질린 나스루딘이 소리쳤습니다.

"정 그러시다면, 여기 칼을 드리겠습니다. 뭔가가 공격해 오면, 이 칼을 쓰십시오. 하지만 칼을 쓸 일은 절대 없을 겁니다. 여기 있으면 안전합니다."

이렇게 말하고 수도승은 물을 구하러 동굴 밖으로 나가버렸습니다. 그 사이 나스루딘은 동굴에 들어와 자신을 공격할지 모를 온갖 종류의 악마를 상상하기 시작했습니다.

마침내 수도승이 물을 가지고 돌아왔을 때, 나스루딘은 그가 수도승인 줄 모르고 겁에 질려 소리치며 칼로 허공을 찌르기 시작했습니다.

"꼼짝 마!"

나스루딘이 소리쳤습니다.

"접니다. 물을 떠왔습니다."

"그 말을 어떻게 믿어? 네가 수도승을 가장한 악마일지 네 말만 듣고 어떻게 알아!"

나스루딘은 계속해서 자신이 만들어낸 악마를 향해 소리지르며 칼을 휘둘렀다.

"그건 단지 두려움뿐입니다. 그 두려움 때문에 당신이 상처를 입을 수도 있습니다."

수도승이 말하자,

"그렇겠지. 하지만 너도 일단 한번 두려움에 사로잡히면, 그것으로부터 도망치기가 얼마나 힘든지 잘 알잖아? 더 나쁜 건 너는 나처럼 두려움 때문에 고통 받고 있지도 않다는 거야."

나스루딘이 소리쳤습니다.

"알겠습니다."

이렇게 말한 수도승은 그날 밤을 지낼 다른 거처를 찾아 길을 나섰습니다.

— 이슬람 우화

전쟁에서는, 정의가 침묵한다.
– 독일 속담

Reaching for the Moon

어리석음 _
달을 따오는 방법

어느 날 밤, 원숭이의 왕이 연못
에 비친 눈부신 금빛 달을 보았습니다. 그것이 그저 물에 비
친 그림자라는 사실을 모르는 왕은 부하들에게 "당장 가서
저 빛나는 보물을 가져오라"고 명령했습니다.

"너희 중에서 가장 힘이 센 원숭이가 저 나무를 잡아라. 그
리고 두번째 힘이 센 원숭이가 그의 손을 잡고 물에 다가가
서 저 금빛 보물을 건져 오거라."
실제 달이 아니라는 사실을 알 턱이 없는 부하들은, 그저
왕이 명령하는 대로 했습니다.

하지만 두번째 힘이 센 원숭이가 팔을 뻗어 닿기에 달은 너무 멀리 있었습니다.

"누가 세번째로 힘이 센가? 팔을 이어 잡아 보물을 건져라."

세번째 원숭이는 두번째 원숭이의 팔을 잡고 달을 향해 팔을 뻗었습니다. 하지만 여전히 달은 손에 닿지 않았습니다.

"네번째를 데려오너라."

네 마리의 원숭이가 서로의 손을 붙잡고 달을 따기 위해 안간힘을 썼습니다. 그들은 이제 하나의 사슬처럼 엮였습니다. 모두가 있는 힘껏 팔을 뻗었지만, 여전히 달을 잡지 못했습니다.

소원을 이루지 못한 왕은 끊임없이 그들을 재촉했고, 명령을 받은 부하들은 계속해서 시도를 했습니다. 다섯번째, 여섯번째, 일곱, 여덟….

물의 표면에 닿을 때까지 모든 원숭이가 사슬이 되어 팔을 이었습니다.

"거의 닿았다!" 원숭이들이 소리쳤습니다.

"기다려라. 내가 처음으로 보물에 손을 대야겠다!" 소리친 왕은 원숭이들이 만들어낸 사슬 끝까지 급히 뛰어갔습니다.

왕이 뛰어오르자 아슬아슬하게 사슬을 만들고 있던 원숭이들은 그 무게를 버티기 힘들었습니다. 특히 맨 처음 나무를 잡았던 제일 힘이 센 원숭이는 더욱 그랬습니다. 너무 오랫동안 나뭇가지를 붙잡고 있었기 때문에 힘이 빠졌던 것입니다. 왕의 손이 거의 물에 떠 있는 달에 닿으려고 하는 순간, 가장 힘이 센 원숭이는 그만 손을 놓치고 말았습니다.

사슬을 만들고 있는 모든 원숭이들은 줄지어 연못에 떨어졌습니다. 그리고는, 왕과 함께 연못 깊은 곳으로 빠져 죽고 말았습니다.

― 티벳 우화

하나의 칼은 한 명의 사람을 죽인다.
그러나 하나의 혀는 수천 명의 사람을 죽인다.
― 핀란드 속담

Strength

허무한 힘 자랑

숲 속의 동물들이 '누가 가장 힘이 센가?' 겨루는 대회를 가지기로 결정했습니다. 맨 처음 제안한 건 코끼리였습니다.

"모두 수요일에 모여. 그 때 누가 가장 힘이 센지 보는 거야."

가장 먼저 도착한 동물은 침팬지였습니다. 침팬지가 그 자리에서 뛰어오르면서 소리쳤습니다.

"힘! 내가 가장 힘이 세지! 이것 봐! 내 팔을 보라구! 내 힘이 얼마나 센지 보여주겠어."

그러고는 자리에 앉았습니다.

다음은 사슴이 도착했습니다.

"힘! 내 다리를 봐! 얼마나 힘이 센지 알 수 있겠지?"

표범이 도착했습니다. 표범은 그의 발톱을 보여주면서 으르렁거리며 말했습니다.

"힘! 내 발톱을 보라구! 내가 가장 힘이 세다구!"

표범도 자리에 앉았습니다.

다음은 영양이 도착했습니다. 영양은 그의 뿔을 보이면서 말했습니다.

"힘! 내 뿔을 봐! 이것이 바로 힘이라구!"

영양도 자리에 앉았습니다.

마침내 코끼리가 도착했습니다. 코끼리는 천천히 몸을 움직이면서 말했습니다.

"코…끼…리…가 바로 힘…이라는 뜻이야."

코끼리가 앉았습니다.

그들은 계속 기다렸습니다.

마지막 한 마리 동물이 아직 도착하지 않았던 것입니다.

약속을 지키기 위해 그들은 자리에 앉아 기다렸습니다.

마침내 사람이 도착했습니다.

사람은 근육을 보여주면서 말했습니다.

"늦어서 미안. 이제 시작해도 돼!"

사람은 대회장에 총을 가져왔습니다. 그러고는 수풀에 몰래 그 총을 숨겨놓았습니다.

자기가 너무 늦었기 때문에, 혹시 다른 동물들이 공격할까 봐 총을 가져온 것이었습니다.

맨 처음 대회를 제안한 코끼리가 말했습니다.

"이제 사람까지 왔으니, 모두 대회를 시작하자. 제일 먼저, 침팬지! 네 힘을 우리에게 보여주어라.'

침팬지는 펄쩍~ 위로 뛰었습니다. 그는 나무 위로 올라가기 시작했습니다. 몸을 구부리고 나무에 바짝 붙어서 빠르게 움직였습니다. 그러고는 다시 땅에 내려왔습니다.

"봤지? 이런 게 바로 힘이라는 거야. 내가 가장 힘이 세지?'

동물들이 박수를 치며 환호했습니다.

"힘! 힘! 힘! 힘! 저게 바로 힘이야."

"그래… 침팬지는 이제 앉아도 좋아. 다음은 누구지?"

다음으로 사슴이 자리에서 일어났습니다. 그리고는 숲으로 5km를 뛰어갔습니다. 그는 그 거리를 또다시 뛰어서 되돌아왔습니다. 그런데도 전혀 숨이 차 보이지 않았습니다.
"이것 봐! 이런 게 바로 힘이지?"

동물들은 환호성으로 화답했습니다.
"힘! 힘! 힘! 힘! 저게 바로 힘이야!"

"그래… 사슴은 이제 앉아도 좋아. 다음은 누구 차례지?"

표범이 뛰어올랐습니다. 그는 그의 긴 발톱을 드러내며 땅을 긁기 시작했습니다.
쉬익쉬익쉬익~ 땅이 바닥을 드러내며 심하게 파헤쳐졌습니다! 동물들이 모두 몰려가 이 광경을 바라보았습니다. 그리고 너무 놀라 소리쳤습니다.
"와아아아아! 저게 바로 힘이겠지?"

"힘! 힘! 힘! 힘! 저게 바로 힘이다!"

"그래… 표범은 이제 앉아도 좋아. 다음은 누구지?"

다음은 영양 차례였습니다. 그는 자신의 거대한 뿔을 낮추어 보이고는, 등나무 줄기를 그 뿔로 갈기 시작했습니다. 드르륵 드르륵 드르륵~ 그 위에 거대한 길이 만들어졌습니다. 영양은 뒤를 돌아 동물들이 있는 쪽으로 다가왔습니다.
드르륵 드르륵 드르륵~ 땅에도 길이 하나 만들어졌습니다.
"이게 힘이 아니겠어?"
동물들은 너무 놀라 입을 다물지 못했습니다.

"힘! 힘! 힘! 힘! 이게 바로 힘이다!"

"좋아. 영양은 이제 앉아. 다음은 또 누구 차례지?"

코끼리 차례가 왔습니다. 대회장 한 쪽에는 아름드리나무 여럿이 모여 있었습니다. 코끼리는 거대한 어깨를 나무에 기대고는 힘을 쓰기 시작했습니다.
"영차…영차…영차…", "쿵!!!"

나무들이 모조리 쓰러졌습니다.

"힘! 힘이란 게 저런 거구나!", "힘! 힘! 힘! 힘! 저게 바로 힘이다!"

"좋아. 자, 다음은 누구지?"

사람 차례가 되었습니다. 그는 동물들이 만들어낸 원 사이로 뛰어들었습니다. 사람은 제자리에서 빙빙 돌기 시작했습니다. 그리고는 공중제비를 하고, 옆으로 재주넘기를 하고, 앞으로 재주넘기를 했습니다. 그는 동물들이 앉아 있는 곳 주위를 빙빙 돌았습니다.

그리고는 멈춰 서서 말했습니다.

"힘! 힘! 어때? 이게 바로 힘이지?"

동물들은 말없이 서로 쳐다보며 고개를 갸우뚱거렸습니다.

"글쎄… 재밌기는 하지만…", "근데… 저게 힘이야?", "아닌 거 같은데…", "저런 건 누구나 할 수 있는 거 아니야?"

동물들의 반응에 사람은 모욕감을 느꼈습니다.

"그렇다면, 이걸 봐!"

사람은 야자나무 꼭대기에 아주 빨리 올라가기 시작했습니다. 그는 야자수 열매를 떨어뜨렸습니다.

그리고 다시 내려와 소리쳤습니다.

"어때? 이게 바로 힘이지?"

동물들은 서로 쳐다보았습니다.

"저걸 힘이라고 할 수 있어?", "겨우 나무를 올라간 것뿐이잖아.", "저런 건 힘이라고 할 수 없지.", "저게 전부야?"

사람은 너무 화가 났습니다.

"그래? 힘! 그럼 내가 힘을 보여주지!"

그는 수풀로 뛰어갔습니다. 그러고는 숨겨 놓은 총을 손에 쥐고 다시 나타났습니다. 사람은 코끼리를 향해 총을 쐈습니다.

'탕…!'

총소리가 정적을 깨뜨렸습니다.

'쾅당…!'

코끼리가 쓰러졌습니다. 사람이 쏜 총에 맞고 쓰러진 것입니다. 그리고는 다시는 일어나지 않았습니다.

사람은 계속해서 의기양양한 채 소리치며 뛰어다녔습니다.
"힘이라구? 힘! 이런 게 바로 힘이지?!", "힘!"

사람이 정신을 차리고 주위를 둘러보았을 때, 그곳에는 단
한 마리의 동물도 눈에 띄지 않았습니다. 모두들 겁에 질려
숲으로 도망을 간 것이었습니다.
"이게 바로 힘이라구!"
그는 계속해서 소리를 쳤지만, 그의 자랑을 들어줄 동물은
이제 한 마리도 없었습니다. 그는 혼자 남았습니다.

숲으로 도망 온 동물들이 한자리에 모여 얘기를 시작했습
니다.
"그거 봤니?", "그게 힘이야?", "그걸 힘이라고 할 수 있는
걸까?", "아니! 그건 죽음이라고 부르는 거야.", "그건 죽음
이야!"
그날 이후 동물들은 사람과 얘기하지 않았습니다.
숲에 들어가서도 사람은 홀로 걸어가야만 했습니다.
동물들은 여전히 사람과 얘기하지 않습니다.

창조물, 사람…

그는,

힘과 죽음의

차이를 모르는 유일한 동물이었습니다.

– 아프리카 서부의 림바 이야기

 ─────────────────────────────

무기는 무기를 가지고 있는 자에게조차 적일 수 있다.

– 터키 속담

Not Our Problem

방관 _
우리가 상관할 일이 아니야

왕이 책사와 함께 빵을 꿀에 찍어 먹고 있었습니다. 그들은 궁전 창가에 앉아 있었기 때문에 창 밖을 볼 수 있었습니다.

그들은 이런저런 얘기를 하고 있었습니다. 왕은 실수로 꿀 한 방울을 창틀에 떨어뜨렸습니다.

"오, 폐하. 제가 닦겠습니다."
책사가 말했습니다.
"신경 쓰지 마시오. 그건 우리가 할 일이 아니오. 하인이

나중에 청소할 것이오."

  잠시 후 창틀에 떨어진 꿀 한 방울이 아래로 흘러내리기
시작했습니다.
  한 방울… 두 방울… 창틀에서 흘러내린 꿀은 마침내 길
아래로 떨어졌습니다.

  그러자마자 파리 한 마리가 날아와 꿀을 빨아먹기 시작했
습니다.
  그 즉시 어디선가 도마뱀이 뛰어나와 긴 혀로 가볍게 파리
를 잡아먹었습니다.
  숨어 있던 고양이가 도마뱀을 보고 덤벼들었습니다.
  지켜보던 개도 튀어 나와 고양이를 공격하기 시작했습니다.

  "대왕님! 저 아래 고양이와 개가 싸우고 있는 것 같습니다.
누군가 불러 멈추게 할까요?"
  "신경 쓰지 마시오. 그건 우리의 일이 아니잖소."
  왕이 말했습니다.
  그리고 둘은 계속해서 꿀과 빵을 먹었습니다.

한편 아래 거리에서는 고양이의 주인이 자기 고양이가 다른 집 개와 싸움이 붙은 것을 발견하고는 달려 나와 개를 때리기 시작했습니다.

그러자 개 주인도 달려와 고양이를 패기 시작했습니다. 곧이어 고양이와 개의 싸움은 두 주인의 싸움으로 번졌습니다.

"대왕님! 거리에서 두 사람이 싸우고 있습니다. 싸움을 멈추도록 누군가 불러야 되지 않을까요?"
왕은 천천히 창 밖을 내려다보았습니다.
"내버려두시오. 우리 문제가 아니잖소?"

고양이 주인의 친구들이 몰려와서 고양이 주인을 도와주기 시작했습니다.

개 주인의 친구들도 이를 보고 달려와 개 주인을 도와주기 시작했습니다.
곧 두 그룹의 싸움은 격렬해지기 시작했고 서로가 서로를 인정사정없이 두들겨 패기 시작했습니다.

"폐하! 이제 수많은 사람들이 길거리에서 싸우고 있습니다. 저 싸움을 말릴 사람을 불러야 할 듯싶습니다."

왕은 너무 게을러서 뒤도 돌아보지 않았습니다. 왕은 또 이렇게 말했습니다.

"내버려 두시오. 우리가 신경 쓸 바 아니오."

군인들이 싸움 장소에 도착했습니다.

처음에 군인들은 싸움을 말리려고 노력했습니다.

그러나 싸움의 원인에 대해 묻고 나자, 어떤 이들은 고양이 주인 편을 들고 다른 이들은 개 주인의 편을 들었습니다.

그러자 곧 군인들도 싸움에 말려들었습니다.

군인들이 합세하자, 싸움은 내전으로 발전했습니다.

집이 불타올랐습니다.

죽거나 부상당하는 사람들이 속출했고,

불은 궁전으로 옮겨 붙어 모조리 태우고 말았습니다.

"아마도…"

왕이 말했습니다.

"내 잘못인가?

아니, 저 한 방울의 꿀이 문제였던 것 같군."

— 미얀마와 태국의 설화

대숲에서는 막대기로 바닥을 찍는 것만으로도 뱀을 잡을 수 있다.

— 일본 속담

A Man with No Brain

전쟁의 영광 _
무뇌인간

알제리에 야 *Jha*라고 하는 사람
이 있었습니다. 어느 날 야는 전쟁터에 나가기 위해 창, 방패,
활, 화살이 가득 찬 화살통 등으로 무장한 친구들을 만났습
니다.

"이봐, 그런 차림으로 어디들 가는 거야?"

"잘 봐. 우리가 군인이야. 전쟁에 나가고 있는 중이지. 이
번 전쟁은 아주 격렬할 거야."

"그래? 그렇다면 잘됐구나. 이제까지 들어보기만 했지 한
번도 싸우는 걸 본 적이 없는데, 나도 따라가겠어."

"그래? 그렇다면 언제나 대환영이지."

야는 전쟁을 하기 위해 떠나는 군대의 작은 소대원이 되었습니다.

첫 전투가 시작되었습니다.

그런데 야가 용맹스럽게 전장으로 뛰어 나가자마자 첫번째 화살이 그의 이마에 꽂혔습니다! 너무나 순식간에 일어난 일이었습니다.

의무병이 상처 입은 야를 살펴보고는 고개를 끄덕이며 말했습니다.

"화살이 아주 깊이 박혔군요. 화살을 제거하는 건 쉽지만, 그 때 뇌의 일부라도 화살에 묻어나온다면, 이 환자는 죽습니다."

상처를 입은 야가 의무병의 손을 잡고 키스를 하며 깊은 감사를 표현했습니다.

"선생님, 선생님은 고통 없이 화살을 제거할 수 있을 겁니다. 화살에는 절대 뇌 조직이 묻어나오지 않을 겁니다."

"조용히 하십시오. 전문가에게 당신을 맡기세요. 화살이 뇌에 닿지 않았다고 어떻게 장담할 수 있습니까?"

의무병이 근엄하게 대답했습니다.

"아닙니다. 저는 너무도 잘 알고 있습니다. 뇌의 아주 작은 일부라도 갖고 있었다면, 친구들을 따라 이 사지死地로 왔겠습니까?"

— 알제리 우화

소음이 싫다면, 돼지를 키우지 마라.
— 멕시코 속담

The Weapon

무기 _
통제를 넘어선 흉기

어떤 추장이 있었습니다.
그의 친척들은 다섯 개 부락에 걸쳐 살고 있었습니다. 다섯 개 부락은 그의 친척들로 넘쳐 났습니다.

이른 새벽 그는 밖에 나가 태양이 떠오르는 것을 지켜보았습니다. 태양이 막 떠오르기 시작할 때 그는 부인에게 이렇게 말을 건넸습니다.

"내가 저 태양을 가져오면 어떻겠소?"

그러자 부인이 이렇게 대답했습니다.

"가져올 수 있을 만큼 가까이 있다고 생각해요?"

다음날도 추장은 새벽같이 일어나 밖으로 나갔습니다. 그
는 태양을 바라보았습니다. 지금 막 떠오르고 있었습니다.
그가 부인에게 말했습니다.

"신발을 내오시오. 열 명이 신을 만큼 가져오시오. 겨울옷
도 내오시오. 열 명이 입을 만큼 충분히 가져오시오."

부인은 그가 시키는 대로 했습니다. 열 명에게 충분한 신
발과 옷….

다음날, 그는 떠났습니다. 아주 멀리 떠나갔습니다.

신발이 닳았습니다. 옷이 헤졌습니다. 그때마다 추장은 새
신발과 새 옷을 입었습니다.

추장은 5개월 동안 이곳저곳을 돌아다니며, 다섯 켤레의
신발과 다섯 개의 바지를 신고 입었습니다.

10개월이라는 시간이 지났습니다. 그는 여전히 여행을 계
속하고 있었습니다. 그가 가지고 떠난 모든 신발이 다 닳아
버렸습니다.

떠돌아다니던 추장은 아주 큰 어느 집 앞에 도착했습니다.
대문을 열자, 한 소녀가 있었습니다. 추장은 집안으로 들어
갔습니다.

집을 둘러보던 추장의 눈길이 어느 한곳에 고정되었습니다. 그 집 한쪽 벽에는 화살이 걸려 있었습니다. 또 화살이 가득 찬 화살통도 있었습니다. 사냥개의 가죽도 걸려 있었습니다. 창도, 돌도끼도, 짐승 뼈로 만든 전투용 곤봉도, 전쟁터에 나갈 때 쓰는 머리 장신구도 걸려 있었습니다. 남자들이 사용함직한 모든 무기가 집 한쪽 벽에 걸려 있었습니다.

추장은 반대쪽 벽도 바라보았습니다. 염소 가죽으로 만든 담요가 걸려 있었습니다. 사냥개 가죽으로 만든 담요도, 버팔로 가죽으로 만든 담요도, 양의 가죽으로 만든 옷도, 짐승 이빨을 엮은 목걸이도, 조개껍질을 엮은 돈걸이도 있었습니다.

추장이 눈길을 돌렸을 때 문 가까이에 아주 반짝이는 옷도 보였습니다. 하지만 아무리 보아도 무엇으로 만든 것인지 알 수가 없었습니다.

추장은 소녀에게 물었습니다.

"도대체 저것이 다 뭐지? 저 화살들은⋯."

"우리 할머니 것이에요. 내가 다 크고 나면, 할머니는 그걸 갖다 버리실 거라고 하셨어요."

"저 창과 저 많은 무기들은 다 누구 것이지?"

"우리 할머니 것이에요. 내가 다 크고 나면, 할머니는 그걸
갖다 버리실 거라고 하셨어요."

"저 도끼는 누구 것이지?"

"우리 할머니 것이에요. 내가 다 크고 나면, 할머니는 그걸
갖다 버리실 거라고 하셨어요."

"저 염소 가죽으로 만든 담요는 누구 것이지?"

"우리 할머니 것이에요. 내가 다 크고 나면, 할머니는 그걸
갖다 버리실 거라고 하셨어요."

"저 양 가죽은 누구 것이지?"

"우리 할머니 것이에요. 내가 다 크고 나면, 할머니는 그걸
갖다 버리실 거라고 하셨어요."

"저 사슴 가죽으로 만든 담요는 누구 것이지?"

"우리 할머니 것이에요. 내가 다 크고 나면, 할머니는 그걸
갖다 버리실 거라고 하셨어요."

"저 조개껍질을 엮은 목걸이는 누구 것이지?"

"우리 할머니 것이에요. 내가 다 크고 나면, 할머니는 그걸
갖다 버리실 거라고 하셨어요."

"저 짐승 이빨을 엮은 목걸이는 누구 것이지?"

"우리 할머니 것이에요. 내가 다 크고 나면, 할머니는 그걸
갖다 버리실 거라고 하셨어요."

....

그는 벽에 걸려 있는 모든 것에 관해서 물어보았습니다.
그는 생각했습니다.

'모두 좋은 것들이로군. 특히 마지막 빛나는 저 것, 저걸
가져가야겠어."

밤이 되자 소녀의 할머니가 집에 돌아왔습니다. 돌아오자
마자 할머니는 추장이 제일 맘에 들어 한 물건을 들어올렸습
니다.

추장은 그 집에 오랜 시간 함께 머물렀습니다.

할머니는 아침 일찍 집을 떠났다가 밤이 되면 다시 집으로
돌아왔습니다. 할머니는 때때로 화살을, 염소 가죽을, 사냥
개 가죽을 가져왔습니다. 매일매일 똑같았습니다.

추장은 오랫동안 그곳에 머물러 있었습니다. 그러나 너무
오랫동안 집을 떠나 있어서 향수병에 걸리고 말았습니다. 이
틀 동안이나 추장은 자리에서 일어나지 못했습니다.

할머니가 손녀에게 말했습니다.

"네가 그 양반에게 핀잔을 주었느냐? 그래서 화가 난 거야?"

"아니요. 전 그러지 않았어요. 집이 그리워서 아픈 거예요."

할머니는 아픈 추장에게 물었습니다.
"집에 갈 때 무엇을 가져가고 싶은가? 버팔로 가죽인가?"
"아니요." 추장이 대답했습니다.
"저 염소 가죽으로 만든 담요는?"
"싫습니다."
"저 사냥개 가죽으로 만든 옷은?"
"싫습니다."
노인은 집 한쪽 벽에 걸려 있는 모든 것을 보여주며 권했습니다.
그리고 다른 반대쪽 벽에 있는 것도 모두 보여주며 권했습니다. 그러나 추장은 모두 다 사양했습니다.
추장은 문 옆에 걸려 있는 반짝이는 옷이 마음에 들었던 것입니다.

다음날 추장이 소녀에게 물었습니다.
"할머니가 저 반짝이는 옷을 나에게 줄까?"
소녀가 말했습니다.
"할머니는 그걸 절대 주시지 않을 거예요. 다른 사람들도 그걸 사려고 무진장 애를 썼지만 절대 주지 않으셨거든요."

그 말을 들은 추장은 실망했습니다.

며칠 후 노인이 다시 집 안의 모든 물건을 보여주며 물었
습니다. 할머니는 추장이 모든 물건을 사양하자, 내키지 않
는 모습으로 반짝이는 옷을 가리켰습니다. 할머니는 마음이
아픈 듯한 표정으로 힘없이 그 옷을 가리켰습니다.

"이걸 가지고 싶은가? 이걸 가지게 되면 조심해야 한다네.
잘 생각해보고 결정하게나. 나는 자네를 아낀다네."

추장은 아무래도 좋으니 그 옷을 갖게 해달라고 간청했습
니다. 할머니는 마지못해 그 옷을 추장에게 입혀 주었습니
다. 그리고는 돌도끼를 건네주며 그에게 말했습니다.

"이제 집으로 돌아가게나."

집으로 가는 길에 추장은 삼촌이 살고 있는 부락 근처를
지나게 되었습니다. 그는 자랑스럽게 빛나는 옷을 흔들어댔
습니다. 그러자 그 옷이 말을 하기 시작했습니다.

"우리 이 마을을 치자. 우리가 함께 이 부락을 정복하자."

추장의 이성은 그를 떠나버렸습니다. 추장은 삼촌의 부락
을 공격했습니다.

"부숴 버려! 부숴 버려! 부숴 버려!"

추장은 옷이 시키는 대로 했습니다. 모든 부락민들을 죽였습니다. 부락의 모든 집들을 불태웠습니다. 그의 손은 피로 범벅이 되었습니다. 그는 생각했습니다.

'오! 이 얼마나 어리석은 일인가? 내가 원하던 것이 이토록 추악한 것이었다니!'

추장은 자신이 한 일의 심각성을 깨닫고 빛나는 옷을 벗어 버리려 했습니다. 하지만 옷은 완전히 피부에 달라붙어 벗겨지지 않았습니다.

추장은 다시 길을 떠났습니다. 길 위에 있을 때 잠시 제정신이 돌아왔지만, 곧 그는 다시 이성을 잃었습니다. 그는 또 다른 삼촌의 부락을 향해 가고 있었습니다.

또다시 옷이 말을 했습니다.

"우리는 이 부락을 쳐야 돼. 이 마을을 공격해야 해."

추장은 옷이 하는 말을 듣지 않으려고 안간힘을 썼습니다. 하지만 옷의 말은 머릿속까지 쩌렁쩌렁 울려 퍼졌습니다. 추장은 또 옷을 벗어던지려고 계속 노력했습니다. 하지만 옷을 잡아당기는 손에는 힘이 없어지고, 곧 다시 이성을 잃고 말았습니다.

그는 다시 삼촌의 부락을 공격했습니다.

"부숴 버려! 부숴 버려! 부숴 버려!"

모든 것이 파괴되었습니다. 추장이 자신의 손으로 저지른 일입니다. 삼촌의 부락에서는 집도, 사람도 모두 사라지고 말았습니다. 추장은 울부짖었습니다.

숲 속으로 달려간 추장은 나뭇가지에 문질러 옷을 벗겨내려고 애를 썼습니다. 하지만 옷은 벗겨지지 않았습니다. 살에 완전히 달라붙어 있었기 때문입니다. 추장은 돌멩이로 돌도끼를 내리쳤습니다. 그리고 돌도끼 역시 상처 하나 나지 않았습니다.

다시 그는 걷기 시작했습니다. 그는 또 다른 삼촌의 부락에 도착했습니다. 또다시 그가 입고 있던 빛나는 옷이 말을 했습니다.

"우리는 이 부락을 파괴해야 돼. 이 부락을 산산조각 내버려야 한다고."

추장은 또다시 이성을 잃었습니다. 또다시 마을을 덮쳤습니다. 그의 피붙이들이 살고 있는 마을을….

"부숴 버려! 부숴 버려! 부숴 버려!"

그는 모든 것을 파괴해 버렸습니다. 그러나 자신은 상처 하나 입지 않았습니다. 추장은 땅에 주저앉아 통곡했습니다. 그의 손으로 피붙이들에게 재앙을 가져다준 것입니다.

그는 빛나는 옷을 벗어버리려고 물에 빠지기도 했습니다. 덤불 속에서 구르기도 했습니다. 돌로 내리치기도 했습니다. 그러나 그만 포기했습니다.

그는 또다시 울었습니다. 그리고 다시 길을 걸었습니다.

추장은 또 다른 삼촌의 부락에 도착했습니다. 다시 똑같은 일이 반복되었습니다.

"우리가 마을을 파괴하자. 우리가 삼촌의 마을을 덮치자 고."

그는 이성을 잃어버리고, 또다시 마을을 덮쳤습니다.

"부숴 버려! 부숴 버려! 부숴 버려!"

그는 모든 것을 파괴해 버렸으나, 이번에도 자신은 상처 하나 입지 않았습니다. 마을, 사람들, 숨쉬는 모든 생명들….

아무것도 남은 게 없었습니다. 그의 팔과 손은 피로 얼룩이
졌습니다.

"으아악… 흑흑… 흐흐윽…!" 그는 울었습니다. 그는 또다
시 옷을 돌멩이로 내리쳤습니다. 돌도끼를 멀리 던져 버리려
고도 했습니다. 그러나 그의 손은 도끼를 놓지 않았습니다.

그는 다시 여행을 떠났습니다.

추장은 어느덧 자기 집에 도착했습니다. 멀리서 고향 부락
이 보이자 그는 멈추려고 노력했습니다. 그러나 다리는 그를
잡아당겼고, 그는 이성을 잃어버렸습니다. 추장은 또다시 마
을을 덮쳤습니다.

"부숴 버려! 부숴 버려! 부숴 버려!"

그는 모든 것을 파괴해 버렸습니다. 그의 마을, 그의 친척
들, 그는 모든 것을 파괴했습니다. 하지만 자신은 상처 하나
입지 않았습니다.

마을은 폐허가 되었습니다. 땅은 온통 죽은 사람들의 시신
과 피로 가득 찼습니다.

그는 통곡했습니다.

"커헉… 크윽… 크흐흑…!"

그는 빛나는 옷을 벗어버리려 안간힘을 썼습니다. 돌도끼도 끊임없이 부수려 했습니다. 그는 머릿속에 절망적인 생각이 떠올랐습니다.

'아마도 이것은 모든 것을 파괴할 거야.'
이윽고 그는 모든 걸 포기했습니다. 그리고는 그저 울고 또 울기만 했습니다. 애간장이 끊어지도록 통곡하다 문득 되돌아보자, 등 뒤에 그 할머니가 서 있었습니다.

할머니가 말문을 열었습니다.
"자네… 나는 자네에게 잘해주려 노력했네.
자네 친척들에게도 관대하고자 노력했네.
왜 울고 있는가?
모든 것은 자네가 자초한 일, 자네 '마음의 옷'이 한 일이 아닌가.
이제, 그 옷을 벗어버리게."

할머니는 추장의 손에서 돌도끼를 빼앗고 그가 입고 있던 빛나는 옷을 벗겼습니다. 그리고 집으로 돌아갔습니다.

추장은 그 자리에 우두커니 남았습니다.

그는 조금 떨어진 곳에

작은 집을 지었습니다.

- 태평양 북서부의 Kathlamet 설화

손에 곤봉을 든 평화는 전쟁이다.
- 포르투갈 속담

어리석은 싸움

THE FOLLY OF FIGHTING

The Ass´s Shadow

헛된 욕망 _
당나귀의 그림자

한 여행자가 옆 마을로 이동하기 위해 당나귀를 빌렸습니다. 여행자는 당나귀에 짐을 한가득 실었습니다. 여행 채비를 마치고 길을 나서는데 당나귀 주인이 따라나왔습니다.

"나도 그 마을에 갈 일이 있으니 동행합시다. 당나귀도 내게 길이 들어 있으니 다루기 수월할 것이오."

그렇게 해서 당나귀 주인도 그 여행에 동행했습니다.

태양이 너무 강렬한 대낮에 그들은 잠시 쉬기 위해 멈췄습니다.

여행자는 당나귀가 만들어 낸 그림자 그늘에 앉아 태양빛을 피했습니다. 그늘은 고작 한 사람 정도만 앉을 수 있는 크기였습니다.

"일어나시오. 내가 그 자리에 앉아야겠소."
당나귀 주인이 말했습니다.
"당신은 당나귀를 빌린 거지, 그림자를 빌린 건 아니잖소!"

"말도 안 되는 소릴 하고 있군. 당나귀를 빌렸을 땐 그 그림자까지 포함되는 거 아니요?"
여행자가 논박했습니다.

"이 당나귀는 본래 주인에게 충성하게 돼 있소. 내가 시키지 않는 일은 해선 안 된다구." 주인이 다시 되받아쳤습니다.

"무슨 말이오. 빌린 순간부터 이 당나귀는 내 것이오. 당신이 여기 안 따라왔다면 그늘엔 당연히 나 혼자 앉아 있었을 것이고…."

논쟁은 점점 더 격렬해졌습니다. 마침내 둘은 흙먼지 날리는 뙤약볕 밑에서 멱살을 잡고 뒹굴게 되었습니다.

두 사람이 계속 논쟁을 하는 동안, 당나귀는 멀리 도망을
가고 말았습니다.

– 이솝 우화

그림자를 두고 싸우느라 우리는 종종 그 실체를 잃어버리게 된다.
– 이솝 우화

The Snipe and the Mussel

도요새와 조개

조개가 햇볕을 쬐려고 갯벌에 나와 입을 쫙 벌리고 있었을 때, 도요새가 부리로 조갯살을 쪼았습니다. 조개는 입을 꽉 다물었습니다.

"조만간 비가 내리지 않는다면, 여기에는 아마 죽은 조개가 누워 있을 걸." 도요새가 말했습니다.

"조만간 내가 너를 풀어주지 않는다면, 여기엔 아마 죽은 도요새가 쓰러져 있을 걸." 조개가 말했습니다.

어느 누구도 서로 양보하지 않고 버티고 있는데, 마침 지나가던 농부가 웬 떡이냐 싶어 둘을 냉큼 집어가 버렸습니다.

— 중국 고사

Fighting Leads to Losses

싸움은 상실을 낳는다

막 결혼을 한 자칼이 강둑 근
처에 살고 있었습니다. 하루는 그의 신부가 물고기를 먹고
싶다고 했습니다.

자칼은 비록 수영도 할 줄 모르고 물고기 사냥도 해본 적
이 없었지만, 사랑하는 신부를 생각해서 꼭 물고기를 잡아
오겠다고 약속했습니다.

자칼은 살그머니 강가로 다가갔습니다.

그곳에는 지금 막 잡은 물고기 한 마리를 두고 서로 자기
것이라고 우기며 싸우고 있는 두 마리의 수달이 있었습니다.

"내가 이 물고기를 먼저 발견했잖아. 그러니까 내가 더 큰 부분을 가져야 돼!"

한 수달이 말했습니다.

"네가 이 물고기를 잡으려고 강에 들어가 거의 빠져 죽을 뻔했을 때, 내가 널 구해줬잖아."

나머지 수달도 대꾸했습니다.

둘은 논쟁을 계속했습니다.

둘을 지켜보던 자칼은 가까이 다가가 묘수가 있다면서 자기가 시키는 대로 해보라고 제안했습니다.

수달은 자칼의 제안에 동의했습니다.

자칼은 물고기를 세 조각으로 나누었습니다.

그리고 머리와 꼬리를 각각 수달들에게 준 다음, 이렇게 말했습니다.

"가운데 부분은 재판관이 가져야겠지!"

그는 웃으면서 집으로 발길을 돌렸습니다.

그러면서 말했습니다.

"싸우면 언제나 손해를 보게 돼 있다니까."

― 인도 이야기

욕심은 어리석음의 친구다.
― 동양 속담

전쟁의 끝

AN END TO WAR

- 완전한 폐허 : 도오새와 고래의 경쟁
- 전쟁보다 무서운 공포 : 암흑의 사냥개

The War Between the Sandpipers and the Whales

도요새와 고래의 경쟁

매일 아침 작은 도요새는 아침을 먹기 위해 해변으로 갑니다. 먹이를 얻기 위해 그 긴 다리로 물 속을 뛰어다니곤 합니다. '첨벙… 첨벙… 첨벙…'

도요새는 부리로 작은 물고기를 콕콕 찍어 잡습니다. 짧은 사냥을 마치고 나면, 해변으로 나와 잠시 기다립니다. 그리곤 또다시 물 속으로 뛰어갑니다. '첨벙… 첨벙… 첨벙…'

그리고 잡은 고기를 맛있게 먹어치웁니다.

깊은 바다 속에 사는 고래가 바다에 뛰어들었다 다시 나가기를 반복하는 도요새를 보았습니다. 고래는 그 큰 머리를 물 밖으로 빠끔히 내밀고 도요새를 불렀습니다.

"야, 너! 도요새! 내 물에서 나가! 이 바다는 고래 거야! 어디 무서운 줄도 모르고."

도요새는 고래의 말을 무시해 버렸습니다.

"이 바다는 우리 도요새한테도 속한 거야. 그리고 말이야, 이 바다에는 고래보다 도요새가 더 많다구. 그러니까 내가 무슨 일을 하든지 내버려둬!"

고래는 어이가 없었습니다. 고래보다 도요새가 많다는 말이 그를 더욱 화나게 만들었습니다.

"도요새가 더 많아? 쳇! 땅에 있는 도요새를 다 합쳐도 바다에 있는 고래보다 많을 수 없어!"

"그렇지 않아! 도요새가 더 많아!"

작은 도요새가 말했습니다. 고래는 노발대발했습니다.

"내 형제들을 모두 부르겠어. 두고 보자!"

고래는 바다 꼭대기로 올라가 물을 뿜어 올렸습니다.

'푸우우… 푸우우… 푸우우…'

그리곤 물 깊숙이 헤엄쳤습니다. 고래는 동쪽으로 가서 소리쳤습니다.

"동쪽의 고래들이여! 동쪽의 고래들이여! 오라, 이 섬으로
오라."

고래는 다시 물 위로 올라왔습니다.

'푸우우… 푸우우… 푸우우…'

물을 뿜어낸 다음 고래는 다시 서쪽으로 헤엄쳐 갔습니다.

"서쪽의 고래들이여! 서쪽의 고래들이여! 오라, 이 섬으로
오라."

그는 다시 물 위로 올라와 '푸우우… 푸우우…' 물을 뿜어
댔습니다.

그는 북쪽 바다로 헤엄쳐 갔습니다.

"북쪽의 고래들이여! 북쪽의 고래들이여! 오라, 이 섬으로
오라."

고래는 다시 한 번 물 위로 올라왔습니다.

'푸우우… 푸우우…' 물을 뿜고는 남쪽 바다로 들어갔습
니다.

"남쪽의 고래들이여! 남쪽의 고래들이여! 오라, 이 섬으로
오라."

동쪽에서, 서쪽에서, 북쪽에서, 남쪽에서, 고래 형제들이 이 소리를 들었습니다. 그들은 그 섬으로 몰려들기 시작했습니다. 형제 모두가 왔을 때, 해변 앞바다는 고래들로 가득 차서 헤엄치기까지 곤란할 정도였습니다. 마치 바다에 갇힌 듯한 느낌이었습니다.

도요새는 이 광경을 보고 깜짝 놀랐습니다.

"그래. 넌 형제들이 많구나. 하지만 기다려봐. 나도 내 자매를 부를 테니까."

작은 도요새는 팔짝팔짝 뛰면서 다른 도요새를 불렀습니다.

'끼루루룩… 끼루루룩… 끼루루룩…'

"도요새들아, 도요새들아! 동쪽에 사는 도요새들아! 서둘러. 빨리 이 곳으로 와!"

"서쪽에 사는 도요새들아! 어서 빨리 이 섬으로 와!"

"도요새들아! 북쪽에 사는 도요새들아! 서둘러. 빨리 이 곳으로 와!"

"도요새들아, 도요새들아! 남쪽에 사는 도요새들아! 빨리 빨리들 이 섬으로 와!"

그러자 많은 도요새들이 그 곳으로 날아왔습니다.

동쪽에서, 서쪽에서, 북쪽에서, 남쪽에서….

그들이 모두 섬에 도착했을 때, 그 새들은 온 해변을 가득 메웠습니다. 나무 위에도 떼 지어 앉아 있는 도요새들로 발 디딜 틈도 없었습니다.

도요새가 더 많았을까요? 고래들이 더 많았을까요? 그 질문에 대답하긴 힘듭니다.

도요새들이 많이 모인 것을 보고 고래가 형제들에게 말했습니다.

"안 되겠어. 우리 사촌들도 모두 불러야겠어. 그러면 우리 머릿수가 더 많아질 거야."

그래서 거기 모인 모든 고래들이 물 위로 올라가 물을 뿜었습니다.

'푸우우… 푸우우…'

그들은 바다 깊은 곳으로 들어갔습니다. 그리곤 동쪽을 향해 소리쳤습니다.

"동쪽에 사는 사촌들이여! 동쪽에 사는 사촌들이여! 오라, 이 섬으로 오라."

고래들은 물 위로 올라와 '푸우우… 푸우우…' 물을 뿜었습다.

그리곤 다시 물 속으로 들어갔습니다.

"서쪽에 사는 사촌들이여! 서쪽에 사는 사촌들이여! 오라, 이 섬으로 오라."

고래들은 또다시 물 위로 올라와 물을 뿜었습니다.

'푸우우… 푸우우…' 그리곤 물 속으로 헤엄쳐 들어갔습니다.

"북쪽에 사는 사촌들이여! 북쪽에 사는 사촌들이여! 오라, 이 섬으로 오라."

고래들은 또 한번 물 위로 올라와 물을 뿜은 다음 물 속으로 들어갔습니다.

"남쪽에 사는 사촌들이여! 남쪽에 사는 사촌들이여! 오라, 이 섬으로 오라."

동쪽에서, 서쪽에서, 북쪽에서, 남쪽에서…. 모든 고래 사촌들이 그 섬으로 헤엄쳐 오기 시작했습니다. 돌고래도, 식인 고래도, 참돌고래도 형제들을 부르는 소리를 듣고 왔습니다. 심지어 상어까지도 바닷가에 모였습니다.

모든 고래 사촌들이 도착했을 때 그 수가 너무나 많아, 섬 주위를 온통 까마득하게 둘러쌌습니다. 사방에 바다 생물이 물을 뿜으며 다이빙을 하고 있었습니다.

이를 본 도요새는 너무나 깜짝 놀랐습니다.
"바다 생물들이 저렇게나 많이 있구나. 서둘러야겠어! 우리도 도요새 사촌들을 모두 부르자!"

도요새는 팔짝팔짝 뛰면서 소리치기 시작했습니다.
'끼루루룩… 끼루루룩… 끼루루룩…'
"우리의 사촌들이여! 동쪽에 사는 도요새 사촌들이여! 서둘러. 빨리 이곳으로 와!"

"서쪽에 사는 사촌들이여! 빨리빨리 이 섬으로 와!"
"우리의 사촌들이여! 북쪽에 사는 도요새 사촌들이여! 어서 빨리 이 섬으로 와!"
"남쪽에 사는 우리 사촌들이여! 서둘러서 이 섬으로 와!"

동쪽에서, 서쪽에서, 북쪽에서, 남쪽에서…. 도요새 사촌들이 하나둘씩 도착하기 시작했습니다. 갈매기도 자기를 부르는 소리를 듣고 도착했습니다. 제비갈매기도 도착했습니다.
가마우지도 이들과 함께 몰려왔습니다. 심지어 왜가리도

도착했습니다.

새들이 모두 도착했을 때 그들은 온 해변과 산들을 뒤덮었습니다. 새가 앉지 않은 공간은 단 1인치도 없었습니다.

새들이 더 많았을까요? 바다생물들이 더 많았을까요? 아무도 그 답을 알지 못했습니다.

고래 중 한 마리가 아이디어를 하나 떠올렸습니다.
"만약 우리 고래들이 땅을 먹어 해치운다면… 그러면, 저 새들은 모두 물에 빠지게 될 거 아냐! 그러면 세상엔 새보다 고래가 더 많게 될 거야!"
"그렇게 해 버리자!"
고래들은 일제히 해변을 갉아먹기 시작했습니다. '아작아작… 아삭아삭… 와삭와삭…' 해변이 고래들의 입속으로 사라지기 시작했습니다.

그때 도요새 중 한 마리도 묘안이 떠올랐습니다.
"만약 우리가 저 바닷물을 모두 마셔버린다면… 저 고래들은 죽게 될 거야! 그러면 세상에 고래보다 도요새들이 많아

지겠지?"

"그렇게 하자!"

해변에 모인 새들은 모두 바다로 날아가 각자 부리를 바다에 담그고 일제히 바닷물을 마셔대기 시작했습니다. '후르르…첩첩…꿀꺽꿀꺽…' 새들은 볼과 배가 물로 가득 찰 때까지 바닷물을 마시고 또 마셨습니다.

바닷물을 마시는 게 육지를 먹는 것보다 더 쉬웠습니다. 드디어 새들이 먼저 일을 마쳤습니다.

새들은 아래를 내려다보았습니다. 물이 없어 고래들이 모두 죽어 바닥에 널브러져 있었습니다. 고기들도 모두 숨을 헐떡이며 누워 있었습니다. 작은 게도… 불가사리도… 모든 바다 생물들이…뜨거운 태양 아래 죽은 채 누워 있었습니다.

'뎅그렁~'

새들의 뇌리를 스치고 지나가는 생각이 있었습니다.

"작은 게… 작은 물고기…저 바다 생물들… 모두 다 우리 먹이들이잖아. 저게 없어지면, 우리도 마찬가지로 죽게 될 거라구. 도대체 얼마나 어리석은 행동을 한 거야? 어서 빨리!

물을 다시 뱉어 놓자! 바다를 다시 되돌려 놓자!"

'푸우우… 푸우우… 푸우우…'

새들은 모두 다시 바닷물을 뱉어내기 시작했습니다.

고래들이 다시 움직이기 시작했습니다. 물고기들도 다시 펄떡이기 시작했습니다. 작은 게와 불가사리도 움찔움찔 몸을 움직이기 시작했습니다. 그들은 다시 살아난 것입니다.

다시 살아난 고래들도 한목소리로 외치기 시작했습니다. "아~ 우리가 얼마나 어리석었나.", "바다는 우리가 살고 있는 곳이야. 해변도 바다의 일부분이구. 우리는 우리의 집을 망치고 있었던 거야. 빨리! 우리 땅을 다시 되돌려 놓자!"

'쿨럭… 쿨럭… 쿨럭…'

고래들은 해변을 다시 뱉어 되살려 놓기 시작했습니다.

"애초부터 이 경쟁은 나쁜 생각이었어. 우리 모두가 나눌 수 있는 이 세상은 얼마나 넓은데!" 고래들이 말했습니다. "맞아. 어리석은 생각이었어. 우리 스스로 우리들의 집을 망쳐 놓을 뻔했다구!"

고래들과 그 사촌들은 모두 원래의 집으로 돌아갔습니다.

동쪽으로, 서쪽으로, 북쪽으로, 남쪽으로…. 도요새와 그 사촌들도 멀리 날아갔습니다. 동쪽으로, 서쪽으로, 북쪽으로, 남쪽으로….

결국, 아직도 아무도 모른답니다. 세상에 고래가 많은지, 도요새가 더 많은지…, 도요새가 더 많은지, 고래가 더 많은지…

결국… 그런 건 아무 문제도 되지 않습니다.
하지만 언제나 그토록 작은 문제가 전쟁을 시작하게 만듭니다.

– 마셜 군도 이야기

사랑을 주면 그것은 반드시 되돌아온다.
그러나 분노는 아무것도 만들어내지 못한다.
– 하와이 속담

The Black Hound

전쟁보다 무서운 공포 _

암흑의 사냥개

신 중의 신 샤크라는 금빛 옥
좌에서 일어나 지구를 내려다보았습니다.

그곳엔 에메랄드빛으로 영롱한 바다와 진주같이 투명한
구름, 하얀 눈이 덮인 푸른 산같이 형형색색의 풍경이 펼쳐
져 있었습니다.

지구는 눈이 부시도록 아름다웠지만, 샤크라의 마음 한 구
석에서는 아릿한 아픔이 배어나왔습니다.

그는 뛰어난 감각을 온 하늘에 퍼뜨려 아주 작은 것까지도

감지하고 있습니다. 그는 전쟁의 열기를 느낄 수 있었습니다. 송아지의 신음소리와 개의 울부짖음, 까마귀의 우는 소리를 들었습니다. 뿐만 아니라 어린아이의 울음소리와 사람들의 분노에 찬 외침소리를 들었습니다.

배고픈 사람, 외로운 사람, 가난한 사람들이 내뿜는 원망의 소리도 그는 들을 수 있었습니다. 그의 눈에선 하늘에서 떨어지는 유성처럼 뜨거운 눈물이 흘러내렸습니다.

"내가 나서지 않으면 안 되겠어." 샤크라는 말했습니다. 그리고 그는 커다란 뿔을 가지고 산을 지키는 산신山神으로 변신했습니다. 그 옆에는 검은 사냥개가 따라 섰습니다.

사냥개의 털은 심하게 뒤엉켜 있었고, 눈은 벌겋게 타오르는 불빛처럼 이글거렸으며, 입과 혀에는 온통 붉은 피가 묻어 있었습니다.

샤크라와 그의 사냥개는 펄쩍 뛰어, 빛나는 별들 사이로 내려왔습니다. 마침내 그들은 지구의 어느 화려한 도시에 도착했습니다.

도착한 후 그들이 처음 만난 사람은 도시의 성벽을 지키는 군인이었습니다. 갑자기 나타난 그들을 보고 놀란 군인이 소리쳤습니다.

"게 누구냐?"

"나는 산을 지키는 산신이오. 그리고 이쪽은 내 사냥개요." 샤크라는 옆에 서 있는 동물을 가리키며 말했습니다.

그러자 검은 사냥개는 턱을 벌렸습니다. 그 모습을 본 군인은 너무 놀라 현기증이 날 정도였습니다. 사냥개를 바라보고 있자니 마치 불과 피로 가득 찬 가마솥을 쳐다보고 있는 것같이 강렬했기 때문입니다. 개는 날카로운 이를 번득이며, 위협적으로 입을 벌렸습니다.

"성문을 닫아라! 지금 당장 성문을 닫아라!" 두려움에 놀라 정신을 놓았던 군인이 뒤늦게나마 도시를 지켜야겠다는 생각으로 소리를 질렀습니다.

하지만 그의 외침이 채 끝나기도 전에 샤크라와 그의 개는 높은 성벽을 훌쩍 뛰어 넘었습니다. 군인들의 외침 소리, 갑자기 나타난 이방인, 그리고 위협적인 사나운 개의 출현으로 도시 사람들은 깜짝 놀라 소리치며 사방으로 흩어졌습니다.

마치 해변을 따라 흐르는 파도와 같이 물결을 이루며 도망쳤습니다. 사냥개는 양을 모는 양치기 개처럼 도망치는 사람들의 뒤를 쫓아다녔습니다. 이에 더욱 놀란 사람들은 남자, 여자, 어린아이 할 것 없이 공포에 질려 소리를 지르며 뛰어다녔습니다. 도시의 왕도 사람들의 무리 속에 있었습니다.

"그만 멈춰라! 움직이지 마라!" 샤크라가 소리치자, 사람들은 금세 제자리에 섰습니다. 샤크라는 계속해서 말했습니다.
"내 개는 배가 고프다. 그에게 먹을 것을 주어라!"

도시의 왕은 두려움에 떨며 소리를 질렀습니다.
"어서! 어서 빨리 개에게 먹을 것을 가져다주어라! 즉시!"
시장으로 향해 출발한 마차는 금세 고기와 빵, 옥수수, 과일, 곡식 등을 한가득 싣고 와 그들 앞에 내려놓았습니다. 하지만 사냥개는 한 입에 그 많은 양식들을 먹어치웠습니다.

"내 개는 더 많이 먹어야 한다." 샤크라는 큰 소리로 외쳤습니다.
마차는 다시 달렸습니다. 조금 전보다 더 많이 음식을 가져왔지만, 사냥개 앞에선 그저 한 입에 해치울 양밖에 되지 않았습니다. 이를 지켜본 도시 사람들은 더욱 긴장해서 이방인을 바라보았습니다.

이때 샤크라가 다시 외쳤습니다.

"내 개를 무시하느냐? 이걸로는 부족하다! 아직 배가 부르지 않다."

또다시 마차는 달렸습니다. 이번에도 한 차 가득 음식을 싣고 왔지만 사냥개는 한 입에 해치웠습니다. 개는 음식을 먹은 후 어둠의 계곡에서 울부짖는 늑대처럼 괴로운 듯 길게 울었습니다. 사람들은 바닥에 엎드려 공포에 떨며 귀를 막았습니다. 산신은 거대한 활을 꺼내 힘껏 잡아당겼습니다. 그 소리는 마치 폭풍우가 치는 밤, 하늘을 울리며 포효하는 천둥번개 소리와도 같았습니다.

"그는 여전히··· 배가 고픈 것이다! 내 개에게 먹을 것을 더 가져다주어라!"

샤크라가 큰 소리로 외쳤습니다.

도시의 왕은 고통으로 몸부림치며 울부짖었습니다.

"우리는 더 이상 가진 게 없습니다. 당신 개가 모든 것을 먹었습니다."

"그러면 내 사냥개는 풀과 산, 새와 짐승을 잡아먹을 것이다. 바위를 갉아 먹을 것이며 저 태양도 먹어 해치울 것이다. 그래도 되겠느냐? 그 전에 어서 먹을 것을 가져오라!" 산신의 답이었습니다.

"안 됩니다! 그래선 안 됩니다!" 사람들이 울부짖었습니다. "자비를 베푸소서. 우리가 가진 모든 것을 당신께 드리겠습니다! 우리 세상을 나누어 드리겠습니다."

이 말을 들은 샤크라가 성난 목소리를 거두고 차분히 말했습니다.

"소란을 멈추시오. 나에게 나누어 주겠다고 한 것들을 가난한 자에게 주시오. 병든 사람, 집 없는 사람, 고아들, 노인들을 보살펴 주시오. 어린아이에게 친절과 용기를 가르치시오. 지구를 사랑하고 지상의 모든 생물 또한 사랑하시오. 이러한 것들을 완전히 지킬 때만, 나는 이 개를 거둘 것이오."

그러고 나서 샤크라는 거대해지더니 빛으로 밝게 빛났습니다. 그와 그의 검은 사냥개는 펄쩍 뛰어 오르더니 연기를 일으키며 하늘로 높이 높이 올라갔습니다.

아래 도시에서는 남자 여자들이 당황한 표정으로 하늘을 올려다보고 있었습니다. 그들은 손을 뻗어 서로의 손을 잡으며, 앞으로의 인생을 바꾸기로, 그리고 위대한 산신이 명령한 것을 따르기로 다짐했습니다.

샤크라는 금빛 옥좌에 앉아 웃으며 땅을 내려다보고 있었습니다. 그는 빛나는 팔로 자신의 이마를 훔쳤습니다. 셀 수 없는 수많은 별들이 밝게 빛나고 있었으며 그 별들 사이에 어둠이, 모닥불 옆에 편히 누운 개처럼 깊이 잠이 들어 있었습니다.

— 인도 신화

분노의 피를 들이마셔라. 그리고 인내의 호흡을 간직하라.
— 하와이 속담

PEACE

마음의 평화

우리를 평화롭게 하는 마음

PATHWAYS TO PEACE

Two Goats on the Bridge

다리 위의 염소 두 마리

두 산이 만나는 계곡 위로 외나
무다리가 하나 놓여 있었습니다. 그 다리는 너무 좁아서 둘
이 같이 지날 수가 없었습니다.

두 산에는 각각 염소가 한 마리씩 살고 있었습니다. 서쪽
산에 사는 염소는 동쪽 산의 풀을 뜯어 먹기 위해 이 다리를
건너곤 했습니다. 반대로 동쪽 산에 사는 염소는 서쪽 산의
풀을 먹기 위해 이 다리를 건너곤 했습니다. 매일 먹이를 먹
기 위해 그 다리를 건넜지만, 그들이 다리 위에서 마주치는
일은 한번도 없었습니다.

그러던 어느 날, 염소 두 마리가 다리 가운데에서 만났습

니다.

"저런 문제가 생겼군."

서쪽 산에 사는 염소가 말했습니다.

"그런 것 같군."

동쪽 산에 사는 염소가 대꾸했습니다.

"난 뒤로 돌아가고 싶지 않는데…"

서쪽 염소가 말했습니다.

"나도 그래. 하지만 이 다리는 둘이 한꺼번에 건너기엔 너무 좁아. 그래도…."

동쪽 염소가 말했습니다.

"만약 우리 둘 다 조심한다면…."

서쪽 염소가 덧붙였습니다.

"…우리 모두 떨어지는 일 없이 무사히 다리를 건널 수 있을 거야."

동쪽 염소가 결론을 내렸습니다.

"한번 시도해보자!'

두 염소는 모두 동의했습니다.

그리고는 조심스럽게 어느 쪽으로도 밀리지 않게 배려하며 다리를 건넜습니다.

그리하여 둘은 무사히 길을 건넜고 각자의 길을 갈 수 있었습니다. 풀을 뜯으러 가는 길에 그들은, 서로가 중얼거리는 소리를 들을 수 있었습니다.

"염소 친구들… 참 싹싹하다니까!"

— 러시아 우화

만약 돌파할 수 없다면, 돌아가는 방법을 선택하라.
— 핀란드 속담

How Friendship Began Among Birds

새들 사이의 우정은
어떻게 시작되었을까?

오래 전에는 새들 사이에 우정이라는 것이 존재하지 않았습니다. 그들 간에는 강렬한 경쟁심이 있었기 때문이었습니다. 새들은 마주치기만 하면 서로 자기가 더 잘났다면서 질투하고 싸우곤 했습니다.

어느 날 꿩이 우연히 까마귀를 만났습니다. 그는 별로 싸우고 싶은 맘이 없어서 아무 생각 없이 한마디 던졌습니다.

"까마귀야, 넌 나보다 훨씬 훌륭한 새야."

이 말을 들은 까마귀는 너무 놀랐을 뿐만 아니라 아주 기쁘기까지 했습니다. 그래서 정중한 표현으로 대꾸했습니다.

"아니, 아니야, 꿩! 네가 나보다 훨씬 나은 새야!"

그리하여 둘은 마주 앉아 서로 이야기를 나누기 시작했습니다.

이야기를 계속하다가 꿩이 까마귀에게 말했습니다.

"까마귀야, 난 네가 좋아. 우리 함께 사는 게 어떨까?"

"좋아, 꿩아!"

까마귀가 대답했습니다.

그래서 둘은 큰 나무에서 함께 살아가기 시작했습니다. 시간이 지날수록 둘은 서로에 대한 존경심이 더욱 커져 갔습니다. 그리고 친해졌다고 해서 서로 무시하고 아무렇게나 대하지도 않았습니다. 그들은 꾸준히 상대에 대한 배려와 존경을 보여주었습니다.

이쯤 되자 다른 새들도 꿩과 까마귀의 관계에 관심을 두고 관찰하기 시작했습니다. 시간이 지날수록 다른 새들은 서로 다른 두 마리 새가 그토록 오랫동안 싸우지도 다투지도 않고 살 수 있다는 사실에 너무 놀랐습니다.

마침내 몇몇 새들은 시험 삼아 두 새처럼 지내보기로 했습니다. 그래서 그들은 까마귀가 멀리 나가 있는 사이에 꿩에게 다가가 물었습니다.

"꿩아! 너는 왜 좋은 구석이라곤 하나도 없는 이웃인 까마귀와 함께 사는 거니?"

다른 새들의 말을 듣자마자 꿩이 대답했습니다.

"그런 식으로 말하지 마."

"까마귀는 나보다 훨씬 훌륭한 새라구. 그가 나와 이 나무에서 사는 것만도 충분히 나를 존경하고 있다는 증거야."

다음 날 꿩이 밖에 나가 있는 사이 새들은 다시 까마귀에게 다가가 물었습니다.

"까마귀야, 너는 왜 그토록 좋은 거라곤 하나도 없는 꿩과 함께 사는 거니?"

"다신 그런 식으로 얘기하진 마. 꿩은 나보다 훨씬 나은 새야. 이 나무에서 나와 함께 살아주는 것만도 나를 존경해 주고 있다는 증거라구." 까마귀가 대답했습니다.

다른 새들은 꿩과 까마귀가 보여준 서로에 대한 태도에 깊은 감명을 받았습니다. 그리고 서로에게 말했습니다.

"왜 우리는 꿩과 까마귀 같이 지내지 못하는 거지? 우리는 늘 서로 싸우고 다투기만 하고 있잖아."

그날부터 새들 사이에 서로를 향한 존경과 우정이 싹트기 시작했습니다.

— 미얀마 이야기

평등은 전쟁을 낳지 않는다. - 독일 속담

The Lion's Whisker

사자의 수염

아프리카 고지대에 사는 여성
인 비주네쉬 *Bizunesh* 는 저지대에 사는 남자인 구디나 *Gudina*
와 결혼을 했습니다.

비주네쉬가 구디나의 집에 갔을 때 그녀는 그의 남편에게
세갑 *Segab* 이라는 아들이 있음을 알게 되었습니다. 세갑은
어릴 적 열병으로 엄마를 잃은 슬픈 소년이었습니다.

비주네쉬는 세갑을 매우 사랑했으며 진짜 엄마처럼 대하
려고 노력했습니다. 그녀는 세갑에게 옷을 지어 주었습니다.
또 언제나 어떤 음식을 좋아하는지 묻고 가장 좋아하는 음식

만 주었습니다. 그러나 정작 세갑은 전혀 고마워하지 않았습니다. 심지어 그녀에게는 말조차 걸지도 않았습니다.

비주네쉬와 그녀의 새로운 아들 세갑은 종종 구디나의 집에 단둘이 남기도 했습니다. 구디나는 상인이었기 때문에 노새를 끌고 산과 평야를 넘어 먼 도시로 여행을 떠나는 일이 많았기 때문입니다. 단둘이 집에 있을 때에도, 비주네쉬는 세갑에게 아주 친절하게 이렇게 말하곤 했습니다.

"나는 언제나 아들을 원해왔어. 지금 하느님이 그 소원을 이뤄주셨구나. 엄마는 널 사랑한단다."

그리고 아이에게 키스하려 했습니다.

하지만 세갑은 그녀로부터 도망치며 성난 목소리로 소리쳤습니다.

"난 당신을 사랑하지 않아요! 당신은 내 진짜 엄마가 아니잖아요! 우리 엄마는 죽었어요. 난 당신을 사랑하지 않아요. 난… 당신을 싫어해요!"

비주네쉬는 세갑이 좋아하는 음식을 최선을 다해 만들었지만, 정작 세갑은 음식에 손도 대지 않았습니다. 그녀가 옷

을 지어주면 세갑은 그 옷을 가시덤불에 던져버리거나 찢어
버리기까지 했습니다. 그는 일부러 더러운 개울을 건너 새
신발을 더럽히곤 했습니다.

또 비주네쉬가 자신에게 키스하려 할 때마다 그는 기겁을
하며 도망가곤 했습니다.

그녀는 방에 혼자 있을 때, 아들 세갑이 자신을 사랑해줄
날이 오기를 간절히 소망했습니다.

어느 날은 세갑이 집에서 멀리 도망쳐 숲에서 아버지가 돌
아오길 기다렸습니다. 집으로 돌아오던 아버지는 숲에 혼자
있는 아들을 발견했습니다.

아들에게 자초지종을 들은 아버지는 집에 돌아와 계모인
비주네쉬에게 아들에겐 키스하지 말라고 했습니다. 그날 밤
비주네쉬는 밤새 울었습니다.

어느 날 아침, 비주네쉬는 유명한 현자가 살고 있다는 동
굴을 찾아갔습니다. 그녀는 현자에게 자기 아들이 자신을 사
랑하지 않는다고 말했습니다. 그러면서 그녀는

"제발 제게 사랑의 요술가루를 만들어주세요. 세갑이 저
를 친엄마만큼이나 사랑하도록 말이에요."라고 말했습니다.

"당신이 말한 가루를 만들려면 강 넘어 검은 바위사막에 어슬렁거리는 늙고 포악한 사자의 턱수염이 필요합니다. 가루를 원한다면 그것을 내게 가져오시오."

현자가 말했습니다.

그 말을 들은 그녀는 두려움에 떨었습니다.

"제가 어떻게 그 일을 할 수 있죠? 그 사자가 나를 죽일 거예요!"

하지만 현자는 무심한 목소리로 말했습니다.

"그에 대해서는 답해줄 수가 없소. 나는 사랑의 가루에 대해서는 알고 있지만 사자에 대해서는 아무것도 모르오. 당신 스스로 방법을 찾아보시오."

그녀는 세갑을 너무나 사랑했기에 그의 사랑을 얻고 싶었습니다. 그래서 어떠한 위험이 따르더라도 사자의 턱수염을 구해오리라 결심했습니다.

비주네쉬는 강을 건너 검은 바위사막으로 가서 사자를 찾아보았습니다. 사자는 너무나 무서워 보였습니다. 사자가 포효하자, 그녀는 너무 무서워 집으로 도망치고 말았습니다.

다음 날 그녀는 또다시 집을 나섰습니다. 이번에는 단단히 결심을 하고 먹을 것까지 챙겨 떠났습니다. 사자를 보고 달아났던 장소에서 2km 정도 떨어진 곳에 음식을 갖다두었습니다.

다음 날도 음식을 가져와서는 사자에게서 1km 정도 떨어진 장소에 음식을 갖다 주었습니다. 그 다음날은 500m 떨어진 장소에 가져온 음식을 두고, 멀찌감치 떨어져서 사자가 그 음식을 먹는 모습을 지켜보았습니다.

마침내 그녀는 사나운 사자와 아주 가까운 위치에 음식을 갖다 줄 수 있게 되었습니다. 이제 사자는 그녀를 보고 친근하게 그르렁거리게 되었습니다. 비주네쉬는 사자가 음식을 먹는 동안 그 자리에서 그 장면을 지켜보았습니다.

다음 날은 더 가까운 거리에서 사자가 음식을 먹는 것을 지켜보았고, 또 그 다음 날에는 아예 바로 옆에서 사자에게 직접 음식을 먹여 주었습니다.

바로 옆에서 사자의 입이 열리고 닫히는 모습을 보았습니다! 푸서석…. 그녀는 사자의 이빨이 고기 덩어리를 찢어 먹는 소리를 바로 옆에서 들었습니다. 그 소리를 들은 그녀는 너무나 놀랐습니다.

하지만 그녀는 용기를 내서, 손을 뻗어 사자의 뺨에서 수염을 낚아챘습니다. 겁이 나서 도저히 눈을 뜨지 못하고 눈은 감은 채였습니다. 그녀의 손에는 세 가닥의 수염이 놓여져 있었습니다. 하지만 볼에서 세 가닥 수염 정도가 빠진 것 정도는 사자에게는 간지러운 수준이었습니다. 목적을 달성한 비주네쉬는 현자의 동굴로 즉시 뛰어갔습니다.

동굴에 도착했을 때 그녀는 숨을 헐떡이며 현자에게 말했습니다.

"드디어 제가 사자의 수염을 가져왔습니다. 이제 저에게 사랑의 가루를 만들어 주세요. 그러면 세갑은 분명히 저를 사랑하게 될 거예요."

그녀는 거의 울부짖었습니다.

현자가 대답했습니다.

"저는 당신에게 사랑의 가루를 만들어 주지 않을 겁니다. 그럴 필요가 없기 때문입니다.

당신은 사자에게 다가가는 방법을 알았습니다. 그것도 아주 천천히 말입니다.

같은 방법으로 세갑을 대하십시오. 그러면 분명히 그도 당신을 사랑하게 될 것입니다."

— 에티오피아의 소말리족 이야기

친절에 대항할 수 있는 칼날은 없다.
— 일본 속담

Temper

이것은 진정 내 것인가

불교 수행자가 반케이*Bankei*
선사에게 와서 넋두리를 늘어놓았습니다.

"스승님, 저는 제 자신도 통제할 수 없는 기질이 있습니다.
어떻게 이를 고칠 수 있을까요?"

"너는 매우 이상한 것을 가지고 있구나. 그것을 지금 나에
게 보여주어 보아라."

반케이가 대답했습니다.

"지금 당장은 보여줄 수 없습니다."

"왜냐."

"그것은 예기치 못한 순간에 나오기 때문입니다!"

둘은 이렇게 묻고 답했습니다.

반케이가 말했습니다.

"그러면 그것은 너의 진짜 본성이 아니다. 너의 본성이라면 너는 언제든 그것을 보여줄 수 있어야 한다. 네가 말한 것은 네가 태어날 때부터 가지고 있었던 것도, 부모님이 너에게 물려준 것도 아니다. 잘 생각해 보아라."

— 불교 이야기

다른 사람 얘기를 하지 말고, 너의 급한 성미를 꺾어라.

— 일본 속담

PEACE

Music to Soothe the Savage Breast

진심 _
잔인한 짐승을 진정시키는 음악

모치미츠라는 한 음악가가
토사 *Tosa* 지방에서 여행을 마치고 집으로 돌아오는 도중에
아키 *Aki* 항구에서 해적들을 만났습니다. 무기를 다룰 줄도
몰랐을 뿐더러 스스로 방어할 힘도 없었던 그는 '곧 죽겠구
나.' 하고 생각했습니다.

그는 배 화물칸으로 도망쳤습니다. 그리고 피리를 뽑아 들
고 해적들에게 소리를 쳤습니다.

"해적들이여! 내 말을 들으시오! 보다시피 나는 당신들을

방어할 힘이 없소. 당신이 원하는 것이면 무엇이든지 도와주겠소.

하지만 그 전에 당신들에게 이 피리 소리를 들려주고 싶소. 나는 수년 동안 이 악기를 연주해왔소. 이 악기의 소리를 들으면 오늘은 특별한 날이 될 거요."

"좋아! 악기를 연주해 보아라. 얘들아! 잠시 멈춰서 음악을 들어 보거라!"

해적의 우두머리가 소리쳤습니다.

해적들이 조용해졌을 때 모치미츠는 악기를 연주하기 시작했습니다. 그가 이처럼 모든 열정을 쏟아 악기를 연주한 적은 없었습니다. 아름다운 악기의 소리는 파도를 따라 배가 정박한 만 전체를 메웠습니다. 마치 멋진 풍경화의 한 장면 같았습니다.

해적들은 모두 숨을 죽이고 음악을 들었습니다. 음악이 끝났을 때, 우두머리는 큰 소리로 말했습니다.

"나는 네 배를 훔치기 위해 여기에 왔다. 하지만 너의 연주는 나로 하여금 눈물을 흘리게 만들었다. 그런 이상 너에게 해를 끼칠 수가 없다!"

해적들은 노를 저어 멀리 다른 곳으로 향하였습니다.

– 일본 전설

전 세계는 모두 똑같은 언어로 웃는다.
– 멕시코 속담

Slops

찌꺼기와 난장이의 집

집을 에워싸는 정원 담장이 있
는 집에서 할아버지 할머니, 두 노인 부부가 살고 있었습니다.

매일 밤 할머니는 저녁을 준비했습니다. 먼저 감자 껍질을
벗기고… 껍질을 찌꺼기 통에 던졌습니다. 다음엔 당근 껍질
을 벗기고… 그 껍질을 찌꺼기 통에 던졌습니다. 그리고 양
파 껍질을 벗겨서… 찌꺼기 통에 버렸습니다. 저녁 식사가
끝나면 할머니는 그릇을 씻어 더러운 개숫물을 그 찌꺼기 통
에 버렸습니다.

그러면 할아버지는 그 무거운 찌꺼기 통을 들고 마루를 지

나… 앞문으로 나가서… 하나, 둘, 셋, 넷, 다섯, 여섯, 일곱,
여덟, 아홉, 열 걸음 앞마당 담장으로 걸어 나가… 담장 너머
로 던집니다.

쫘…아…악…!

어느 날 밤에도 할아버지는 찌꺼기 통을 들고 마당을 지나
갔습니다. 하나, 둘, 셋, 넷, 다섯, 여섯, 일곱, 여덟, 아홉, 열
걸음을 앞으로 내딛고…

쫘…아…악…!

그때 할아버지는 추워서 덜덜 떨며 말하는 작은 소리를 들
었습니다.

"이렇게 찌꺼기들을 던지는 일을 그만 했으면 좋겠어. 정말 정
말, 진심으로 말이야!"

할아버지는 주위를 둘러보았지만, 아무것도 볼 수가 없었
습니다. 할아버지는 이상하다 고개를 갸우뚱거리며 집으로
돌아와 자신이 들은 것을 부인에게 전해주었습니다.

"아주 작은 사람이 살고 있는 건 아닐까요?"

할머니가 의아해했습니다.

"잘 모르겠소. 하지만 그게 누구든지 내가 그곳에 찌꺼기를 버리는 게 싫은 모양이오."

다음날 저녁 할머니는 평상시대로 감자를 깎아… 그 껍질을 찌꺼기 통에 던졌습니다. 당근 껍질을 벗기고… 껍질을 찌꺼기 통에 던지고, 그리고 양파 껍질을 벗겨서… 찌꺼기 통에 버렸습니다. 그리곤 밥을 먹고 설거지를 하고 더러운 개숫물을 그 찌꺼기 통에 부었습니다.

다음엔 할아버지가 무거운 찌꺼기 통을 들고 마루를 지나… 앞문으로 나가서… 하나, 둘, 셋, 넷, 다섯, 여섯, 일곱, 여덟, 아홉, 열 걸음 앞마당 담장으로 걸어 나가 담장 너머로 찌꺼기들을 던졌습니다.

좌…아…악…!

"에퉤퉤퉤퉤…… 제발 이 일을 그만 했으면 좋겠어. 그게 나의 소원이야!"

이번에도 할아버지는 주위를 두리번거렸습니다. 그의 발치에 무언가가 눈에 들어왔습니다. 자세히 살펴보니 빨간 깃털을 단 모자를 쓴 작은 난장이였습니다.

"당신이 매일 우리 집 굴뚝에 이 찌꺼기를 버린 사람이군요!?"

그 난장이가 할아버지에게 말을 했습니다.

할아버지는 놀라서 대답했습니다.

"무슨 얘길 하고 있는 거요? 나는 그저 매일 우리 집 텅 빈 정원 담장에 찌꺼기를 버린 것뿐이오. 여기 무슨 굴뚝이 있다고 그러시오?"

"다시 한 번 둘러보시오. 여기 내 집이 보이지 않는다는 말이요?"

난장이가 기분이 나쁘다는 듯이 소리쳤습니다.

할아버지는 정원 담장을 샅샅이 둘러보았습니다. 그가 볼 수 있는 것이라곤 잡초와 돌뿐이었습니다.

노인은 알 수 없다는 듯 고개를 갸우뚱거리며 집으로 돌아왔습니다. 그는 그의 부인에게 난장이에 대해 말해주었습니다. 그리고 이렇게 덧붙였습니다.

"그 친구는 거기다 찌꺼기를 버리는 게 싫은 모양인데, 저 무거운 찌꺼기 통을 앞마당 담장까지 옮기는 것만으로도 얼마나 힘든지 아오? 그 이상 더 멀리는 가져갈 수가 없다오."

그리고 다음 날 저녁에도 할머니는 평상시처럼 저녁을 준비했습니다.

감자를 깎아… 찌꺼기 통에 껍질을 던지고, 당근을 깎아… 껍질을 찌꺼기 통에 던지고, 그리고 양파 껍질을 벗겨서… 찌꺼기 통에 버렸습니다. 밥을 먹고 설거지를 하고 더러운 개숫물을 그 찌꺼기 통에 부었습니다.

그리고 할아버지가 무거운 찌꺼기 통을 들어 올려 마루를 지나… 앞문으로 나가서… 하나, 둘, 셋, 넷, 다섯, 여섯, 일곱, 여덟, 아홉, 열 걸음 내딛고… 다시 앞마당 담장 너머로 찌꺼기들을 던졌습니다.

쫘…아…악…!

"에퉤퉤퉤…… 에퉤퉤퉤…… 또 똑같이 반복하는군. 내가 그만뒀으면 좋겠다고 말한 것 같은데… 당신은 지금 내 굴뚝에 찌꺼기를 버리고 있는 거라구!"

그곳엔 또 난장이가 서 있었습니다.

"그래요. 당신이 무슨 얘길 하고 있는지 알겠어요. 하지만 내가 보기엔 울타리 저 너머에는 집이 없소. 내 눈에는 잡초나 돌밖엔 보이지 않는단 말이요."

노인이 답했습니다.

"당신이 내 눈을 따라 본다면 알아차릴 텐데… 할 수 있으면 내 눈을 따라 봐 주겠소?"

"아, 그래요. 그렇게 하겠소."

"그러면 내 발 위에 당신 발을 올리시오."

난장이의 말을 듣고 노인은 의아해져 그의 발을 내려다보았습니다. 다음 순간 몸과는 달리 엄청나게 큰 발을 보고 노인은 너무나 놀랐습니다. 노인은 천천히 그의 큰 발 위에 자신의 발을 올려놓았습니다.

"이제 저 벽을 한 번 보시오."

노인이 벽을 자세히 응시했습니다. 그곳엔 작은 마을이 있었습니다. 그의 정원 담장 바로 반대편에, 자신이 항상 찌꺼기를 버리던 바로 그 지점에… 아주 작은 오두막이 있었습니다.

아! 그런데… 그 오두막이 얼마나 더러운지…
지붕에는 온통 감자 껍질이 얹혀 있었습니다. 당근 껍질은 창문에 걸려 있었습니다. 마당에는 양파 껍질이 쌓여 있었습니다. 그리고 더러운 개숫물은 굴뚝과 앞문에 줄줄… 흘러내리고 있었습니다.

"내가 당신 굴뚝에 찌꺼기를 버리고 있었군요."
노인이 미안한 말투로 머리를 긁적거리며 말했습니다.

난장이가 대답했습니다.

"보시오. 바로 저것이 내가 당신에게 말하려고 했던 거요. 나는 당신이 매일 하는 일을 그만 했으면 싶소."

노인은 집으로 돌아와 부인에게 방금 있었던 일을 모두 말했습니다.

"저 작은 사람의 부인은 매일 그 더러운 개숫물을 닦고 감자 껍질을 치워내야만 한다오."

할아버지가 설명했습니다.

"저런, 불쌍해라! 우리가 당장 그 집 굴뚝에 찌꺼기 버리기를 그만 두어야겠어요."

할머니가 말했습니다.

"하지만 그렇다면 찌꺼기는 어디다 버린단 말이요? 나는 찌꺼기 통을 담장 밖까지 내다버릴 힘이 없소. 저 찌꺼기 통은 너무 무겁단 말이오."

할아버지가 걱정스레 말했습니다.

그들은 서로 마주 보고 앉아 생각을 했습니다. 이 문제를 해결할 방법이 반드시 있을 것이라 믿으며, 그들은 생각하고 또 생각했습니다.

마침내 할머니에게 묘안이 떠올랐습니다.

"만약 우리 집에 뒷문이 있다면, 당신은 찌꺼기 통을 들고 뒷문으로 열 걸음만 움직여 뒷마당 담장에 버리면 되지 않겠어요? 그렇게 되면 앞마당 담장에 있는 난장이의 마을도 더럽히지 않아도 되구요!"

"당장 동네 목수를 불러 뒷문을 새로 만들어야겠군! 하지만 비용이 들 텐데…"

할머니의 말에 동의했지만 할아버지는 은근히 돈 걱정이 되었습니다.

"제가 저축해 놓은 돈이 조금 있어요. 새 문을 만드는 데 그 돈을 쓸 수 있다면 난 너무 기쁠 거예요. 그래서 우리 찌꺼기 때문에 매일매일 청소를 해야 하는 그 부인을 도울 수만 있다면 말이에요."

그들은 목수를 불렀습니다. 목수는 집 뒤쪽에 너무나 멋진 문을 만들어 주었습니다. 그리고 앞문을 판자로 막아놓았습니다.

"이렇게 해 놓아야 이제 아무도 더러운 찌꺼기를 저 작은 사람의 마을에 버리지 않을 거야!"

그것은 할아버지의 아이디어였습니다.

그날 밤 할머니는 평상시대로 저녁을 준비했습니다.

감자 껍질을 벗겨서… 껍질을 찌꺼기 통에 던지고, 당근을 깎아… 찌꺼기 통에 껍질을 던지고, 마지막으로 양파 껍질을 벗겨서… 찌꺼기 통에 버렸습니다.

음식이 다 된 후, 밥을 먹고 설거지를 하고 더러운 개숫물을 그 찌꺼기 통에 부었습니다.

그리고 할아버지가 찌꺼기로 가득 차서 무거워진 찌꺼기 통을 들고 마루를 지나서… 뒷문으로 나가… 하나, 둘, 셋, 넷, 다섯, 여섯, 일곱, 여덟, 아홉, 열 걸음을 내딛고… 뒷마당 담장 밖으로 찌꺼기들을 던졌습니다.

쫘…아…악…!

비록 새 문을 만들기 위해 아껴 놓은 돈을 썼지만, 할아버지와 할머니는 아쉬울 게 없었습니다.

왜냐하면 매일 밤 그들이 새로 만든 뒷문을 열 때마다

좌르르륵… 좌르르륵… 좌르르륵… 좌르르륵… 좌르르륵…

작은 금화가 지붕에서 떨어졌기 때문입니다.

그것은 난장이가…
착한 이웃에게
주는…
선물…이었습니다.

– 웨일즈 이야기

우정은 반드시 자주 물을 줘야 하는 식물이다.
– 독일 속담

A Lesson for King

두 왕의 교훈

베나레스*Benares* 왕과 코잘라*Kosala* 왕이 길에서 만났습니다. 그들은 사륜마차를 타고 길 한가운데서 마주친 것입니다. 둘 중 그 누구도 비켜나지 않았습니다.

베나레스 왕의 마부가 어떻게 하면 이 난관을 극복할까 골똘히 생각했습니다. 그는 둘 중 나이가 많은 사람이 먼저 지나가는 것이 낫겠다고 생각했습니다. 하지만 생각해 보니 두 왕은 나이가 같았습니다.

다음 그는 두 왕국이 만들어진 햇수를 생각해 보았습니다.

두 왕국 모두 300백 년 동안 건재하고 있었습니다. 재산이나 가족 수도 모두 일치했습니다.

오기가 난 마부는 '어떻게든 가장 공평한 방법을 찾아내고야 말겠어.' 하고 다짐하며 상대편 마부에게 물었습니다.

"당신의 왕은 어떤 미덕을 가지고 있으시오?"
코살라 왕의 마부가 말했습니다.
"우리 대왕님은 힘은 힘으로 다스리십니다. 온화함은 온화함으로 다스리십니다. 선은 선으로 정복합니다. 악은 악으로 정복합니다. 이것이 우리 대왕님의 법칙입니다!
그러니 길을 비키시오! 마부여!"

베나레스 왕의 마부는 그 말을 듣고 감명을 받지 못했습니다.
"그것이 당신 왕의 미덕인가요?"
이렇게 물은 마부는 베나레스 왕의 미덕을 열거하기 시작했습니다.

"우리 대왕은 화는 침착함으로 정복하고, 선함으로 사악함을 정복합니다. 선물로 구두쇠를 정복하며, 진실로 거짓을 말하는 자를 정복합니다. 이것이 우리 대왕님의 법칙입니다.

그러니 길을 비키시오! 마부여!"

코살라 왕이 이를 듣고, 마부에게 마차를 움직이게 해 베나레스 왕이 지나가도록 길을 터 주었습니다.

— 인도의 자타카 이야기

정치가는 무릇 칡뿌리처럼 부러지지 않되 유연하게 양보할 줄 알아야 한다.

— 말레이 속담

Heaven and Hell

천국과 지옥

한 사나이에게 천국과 지옥 모두를 방문할 수 있는 기회가 주어졌습니다.

지옥에 도착했을 때 그는 예상과 달리 사람들이 산해진미로 가득 차려진 식탁에 앉아 있는 것을 보고 너무나 놀랐습니다.

얼마나 훌륭한 대접인지!

사나이는 '지옥도 생각했던 것만큼 나쁘지 않군.' 하고 생각했습니다.

식탁 가까이로 다가간 사나이는 식탁에 맛있는 음식이 한 가득 차려져 있는데도 그 앞에 앉아 있는 사람들이 바싹 말라 굶어가고 있다는 사실에 너무 놀랐습니다.

각각의 식탁엔 길이가 1미터나 되는 긴 젓가락이 놓여 있었습니다. 그렇게 긴 젓가락으로 음식을 집어 입으로 가져갈 도리가 없었습니다.

그래서 지옥 사람들 누구도 음식 한 입조차 먹지 못했던 것입니다.

지옥이란, 그토록 화려한 진수성찬을 두고도 한 입조차 먹지 못하는 곳이었습니다.

다음으로 사나이는 천국을 찾았습니다.

놀랍게도, 그곳에서도 지옥과 똑같은 음식이 차려진 식탁 주위에 사람들이 앉아 있었습니다.

마찬가지로 각각의 사람은 1미터나 되는 젓가락을 가지고 있었습니다!

하지만 그곳 사람들은 너무나 행복하게 맛있는 음식을 먹고 있었습니다.

천국에 사는 사람들은… 각자의 기다란 젓가락으로 서로에게 음식을 먹여주고 있었던 것입니다.

— 중국 이야기

기쁨은 행복의 딸입니다.
— 핀란드 속담

A Blind Man Catches a Bird

눈먼 사람이 새를 잡다

한 젊은이가 아름다운 여인과
결혼했습니다. 그런데 여자의 오빠는 앞을 보지 못하는 사람
이었습니다. 그 젊은이는 새 매형과 가까이 지내고 싶어서
함께 사냥을 가자고 제안했습니다.

"난 앞을 보지 못하네. 하지만 처남이 도와주기만 한다면
문제없을 것 같네. 같이 가세나!"
매형은 그의 제안을 흔쾌히 받아 들였습니다.

젊은이는 매형을 이끌고 숲으로 갔습니다. 처음에는 자신

이 잘 알고 있는 길로 갔기 때문에 눈먼 매형을 리드해 함께 걸어가는 것이 그리 힘들지 않았습니다.

그러나 잠시 후, 그들은 수풀이 우거진 깊숙한 숲 속으로 들어갔습니다. 숲 속에는 나무들이 촘촘히 자라고 있었고, 동물들이 숨을 만한 장소도 많았습니다.

이번에는 눈먼 매형이 처남의 팔을 붙잡고, 들려오는 소리가 무엇인지 하나하나씩 설명해 주었습니다. 그는 앞을 보지 못하는 반면, 청각이 발달해 숲의 동물들이 내는 소리를 가려낼 수 있었기 때문입니다.

"이 주위에 야생 멧돼지가 있네. 저쪽에서 소리가 들려."
"저 새는 지금 막 날려 하고 있어. 날개 펼치는 소리를 들어보게나."

젊은이는 자신은 도저히 알지 못하는 소리들을 듣고는 일일이 구별해내는 눈먼 매형의 능력에 깊은 인상을 받았습니다.

그들은 몇 시간이나 그렇게 걸었습니다. 그리고 드디어 숲

한가운데 덫을 설치할 만한 곳을 찾았습니다. 매형은 처남의 말에 따라 새가 물을 먹으러 올 만한 장소에 덫을 놓았습니다.

한편 젊은이는 거기서 약간 떨어진 곳에 덫을 놓고 새들이 덫을 알아볼 수 없게 나뭇가지와 잎으로 잘 덮어놓았습니다.

그는 매형의 덫도 위장해 놓자고 설득하지 않았습니다. 그가 어차피 장님이라 못 알아차릴 것이라는 생각이 들었을 뿐만 아니라, 날씨도 너무 덥고 한시라도 빨리 부인이 보고 싶었기 때문입니다.

그러나 눈먼 매형은 처남이 자기 덫도 위장해 놓았다고 생각했습니다. 자기 덫은 바보 새라도 덫인지 쉽게 알아볼 수 있게 되어 있을 줄은 꿈에도 몰랐습니다.

다음날 그들은 덫을 놓은 곳으로 다시 찾아갔습니다.

눈먼 매형은 무언가 잡혔을 거라는 기대로 잔뜩 흥분해 있었습니다.

젊은이는 조용히 하지 않으면 동물들이 놀라 도망을 갈 거라고 매형을 진정시켰습니다. 그러나 덫 가까이에 도착하기도 전에 매형은 "덫에 뭔가 잡혔다"고 말했습니다.

"새소리가 들려! 덫에 새가 잡혔나 보네!"

먼저 젊은이의 덫을 살펴보니 과연 작은 새 한 마리가 잡혀 있었습니다. 그는 새를 꺼내서 가지고 온 작은 주머니에 넣었습니다.

다음으로 매형의 덫이 있는 쪽을 살펴보자 그곳에도 뭔가가 있는 것이 보였습니다.

"새가 있어요. 매형 덫에도 새가 잡혔다구요!"

덫에 가까이 다가가 보니 그곳에는 무척이나 아름다운 빛깔의 새가 잡혀 있었습니다. 마치 방금 무지개를 통과해 그 색깔이 묻어 나온 듯했습니다.

순간 젊은이는 질투심을 느꼈습니다. 그처럼 아름다운 새의 깃털을 부인에게 준다면, 그녀는 너무나 기뻐할 것이 틀림없었습니다. 하지만 매형에게도 아내가 있었고 그녀도 그런 깃털을 좋아할 것은 분명했습니다.

젊은이는 매형을 한 번 힐끔 쳐다보았습니다. 매형은 아무것도 모르는 것 같아 보였습니다. 그는 몸을 숙여 매형의 덫에서 얼른 새를 끄집어내고는 자기 주머니에 넣었습니다. 그리고 아무렇지 않게 자기가 잡은 작은 새를 매형에게 건네주었습니다.

"여기 매형의 새에요. 주머니에 넣으세요."

매형은 손을 뻗어 새를 받았습니다. 그리고 잠시 동안 손가락으로 새의 날개와 가슴을 쓰다듬더니 아무 말 없이 새를 자기 주머니 속에 집어넣고 집으로 발길을 돌렸습니다.

집으로 돌아오는 길에 둘은 잠시 쉬려고 큰 나무 아래 앉았습니다. 둘은 많은 얘기를 나누었습니다. 젊은이는 매형이 비록 앞은 보지 못하지만 너무나 많은 것을 알고 있다는 사실에 깊은 감명을 받았습니다.

"세상 사람들은 왜 서로 싸우는 거죠?"

그가 매형에게 물었습니다. 젊은이는 항상 그것에 의문을 가지고 있었고, 매형이 과연 그 답을 알고 있을까 미심쩍었습니다.

매형은 잠시 동안 아무 말도 하지 않았습니다. 젊은이는 매형이 생각에 잠겨 있다고 여겼습니다. 잠시 후 매형은 고개를 들었습니다. 앞이 보이지 않는 그의 눈은 마치 젊은이의 영혼을 꿰뚫어 보고 있는 것만 같았습니다. 매형이 조용히 입을 열었습니다.

"처남이 방금 나에게 한 것과 같은 행동 때문이네."

그 말을 듣고 젊은이는 너무 깜짝 놀랐습니다. 그리고 곧 너무나 창피해졌습니다. 그는 뭔가 말을 해야 했지만, 그 어떤 적당한 말도 떠오르지 않았습니다. 그는 자리에서 일어나, 주머니에 손을 뻗어 무지갯빛 새를 매형에게 돌려주었습니다.

매형은 새를 받아들고 손가락으로 새를 쓰다듬고는 처남을 향해 미소를 지으며 말했습니다.

"나한테 또 물을 게 있나?"

"네, 사람들이 서로 싸운 다음에는 어떻게 다시 친구가 되죠?"

매형은 다시 한 번 웃으면서 이렇게 말했습니다.

"처남이 방금 나한테 한 일을 하게. 그것이 다시 친구가 되는 방법이라네!"

— 짐바브웨 이야기

비록 상대방이 나를 싫어한다 하더라도,
내가 상대방을 싫어하지 않는다면 미움은 끝이 날 것이다.
— 중국 속담

Old Joe and the Carpenter

조 할아버지와 목수

조 할아버지는 한적한 시골에
서 평생을 살았습니다. 그는 한 명의 좋은 이웃이 있었습니
다. 그들은 어려서부터 좋은 친구 사이였습니다. 자식들이
태어나고 자라 결혼을 해 자리를 잡기까지, 서로의 배우자들
이 죽어 땅에 묻히기까지, 노인이 된 그들에게 남은 건 작은
농장과 서로뿐이었습니다.

그러나 어느 날 그들이 서로 알게 된 이래 처음으로 둘은
다퉜습니다. 싸움의 원인은 아주 작은 문제였습니다. 길을
잃고 헤매던 쓸모없는 송아지 한 마리가 싸움의 씨앗이었습

니다. 송아지는 조 할아버지 친구의 농장에서 발견되었고 친구는 "그러니까 송아지는 자기 것"이라고 주장했습니다. 하지만 조 할아버지는 송아지가 자기 것이라고 우겼습니다.

"아니, 아니야. 내가 예전에 잃어버렸던 암소와 모습이 똑같아. 내가 그놈을 얼마나 좋아했다고. 이 송아지는 아마 그 암소의 새끼일 거야. 처음 보자마자 금세 알아봤다구!"

고집이 센 둘은 계속 말다툼을 하다가 결국은 입을 다물고 등을 돌리고 말았습니다. 이렇게 해서 생긴 냉랭함은 몇 주 동안 그들 주위를 맴돌았습니다. 누군가 새벽녘에 조 할아버지 집의 문을 두드리는 소리가 들릴 때까지 말입니다.

할아버지는 도대체 누가 그렇게 이른 새벽에 자기 집 문을 두드리는지 의아했습니다. 그가 문을 열었을 때, 연장통을 어깨에 멘 젊은 남자가 서 있었습니다. 부드러운 목소리에 깊은 눈매를 지닌 젊은이였습니다.

"저는 목수입니다. 일거리를 찾고 있습니다. 이 곳에 제가 할 일이 있으면 시켜주십시오."

조 할아버지는 당장 시킬 일은 없었지만 이른 새벽인데다 젊은이가 피곤해 보였기 때문에 집안으로 들어오라고 말했습니다. 부엌으로 데려가 자리에 앉게 하고 방금 끓인 따뜻

한 수프를 내다주었습니다. 그리고 집에서 만든 빵과 신선한
버터와 잼도 주었습니다. 목수가 음식을 먹는 동안 조 할아
버지는 함께 식탁에 앉아 얘기를 나누었습니다. 조 할아버지
는 그 목수가 맘에 들었습니다.

"자네에게 일을 주겠네. 저 왼쪽 창에 보이는 길 너머로 농
장이 있지 않은가? 바로 내 이웃의 집이라네. 그리고 우리 두
집 사이에 흐르는 냇물도 보이겠군. 저 냇물은 지난주만 해
도 없었던 거라네. 저 망할 놈의 이웃이 나를 골탕 먹이려고
만든 거지. 쟁기질을 해서 골을 만들어 물을 채워놓은 거라
네. 망할 놈의 영감…."

노인은 손으로 가리켜 가며 차근차근 목수에게 설명했습
니다.

"나에게 더 좋은 생각이 있네. 저 영감이 우리 둘 사이를
갈라놓을 무언가를 바란다면, 이 참에 자네가 저 사이에 울
타리를 만들어 주게나. 크고 높은 울타리를 말이야. 그러면
이제 더 이상 저 몹쓸 이웃을 보지 않아도 될 거 아닌가!"

이 말을 듣고 목수가 말했습니다.

"글쎄요. 제가 연장을 가지고 있으니까 나무와 못만 있으
면 금세라도 울타리를 만들어드리겠습니다."

할아버지는 때마침 장에 나갈 일이 생겼습니다. 그래서 할아버지는 목수에게 나무와 못이 있는 헛간 위치를 알려주고는 마차를 타고 길을 나섰습니다. 그 동안 목수는 헛간에서 필요한 것을 챙겨 냇가로 가 일을 시작했습니다.

목수는 솜씨 좋게 일사천리로 작업을 진행했습니다. 길이를 재고 톱질을 하고 못을 두드리며 일을 해나갔습니다….

해가 질 무렵 조 할아버지는 집으로 돌아왔습니다. 목수도 그에 맞춰 일을 마쳤습니다. 노인이 집 앞에 마차를 세웠을 때, 놀라 입을 다물 수가 없었습니다….

자신이 주문한 울타리는 어디에도 없었습니다!

냇물 위에는 울타리 대신 다리가 놓여 있었습니다. 그것은 너무나 멋진 하나의 예술작품이었습니다. 저편에서 자신의 이웃이 다리를 건너오고 있는 것이 보였습니다. 다리를 건너온 이웃은 말했습니다.

"조, 다리를 세울 생각을 하다니 자네는 정말 멋진 친구야! 나라면 절대 할 수 없었을 걸세. 우리가 다시 친구가 되니 너무 기쁘네!"

조도 이웃의 어깨에 팔을 두르며 말했습니다.

"송아지는 자네 거야. 그 때도 당연히 자네 거라고 생각했

160

는데 괜히 고집을 피웠네. 나도 다시 자네와 친구가 되고 싶었다네!"

그 무렵 목수는 연장통을 챙겨 어깨에 두르고 다시 길을 나서려 하고 있었습니다. 조 할아버지가 말했습니다.

"여보게, 기다리게나. 자네가 여기 계속 머물렀으면 하네. 자네가 할 일이 얼마나 많은지 모른다네."

그 말은 들은 목수는 웃으며 말했습니다.

"저도 이 곳에 머무르고 싶습니다만, 그럴 수 없습니다. 보십시오. 제가 지어야 할 다리는 아직도 너무나 많습니다."

그렇게 말한 목수는 가던 길을 재촉했습니다.

— 미국 이야기

백 명의 친구는 너무 적다. 한 명의 적은 너무 많다.
— 터키 속담

Two Foxes

두 마리 여우

버지니아의 어둡고 비옥한 숲
에 두 마리 여우가 살고 있었습니다. 그곳은 토끼가 부활절
에 쓸 달걀을 만들고, 두꺼비가 어리석은 사람에게 붙여줄
사마귀를 만드는 곳이었습니다. 그들은 모두 연못 가까이에
살면서 그 물을 먹었습니다.

여우 한 마리는 다른 여우보다 약간 나이가 많았지만 둘은
너무나 절친한 친구였습니다. 그들의 우정은 불과 물로 단련
된 쇠처럼 단단한 것이었습니다. 그들의 우정은 세상 그 어
느 것도 깨뜨릴 수 없는 값진 것이었습니다.

숲에 있는 다른 동물들은 둘 사이의 우정을 시기해 험담을

하기 시작했습니다. 하지만 그 어떤 험담도 둘의 우정을 깨뜨리진 못했습니다. 신이 그들에게 준 선물 속에서 둘은 평화롭고 즐겁게 살아갔습니다.

하지만 숲에는 햇볕이 비추는 따사로운 낮만 있는 것이 아니었습니다. 여전히 찬바람이 쌩쌩 부는 어두운 밤도 있었습니다. 숲의 동물들과 곤충들은 곧잘 말다툼하거나 싸우기도 했습니다.

그날도 두 여우는 서로 즐겁게 이야기를 하고 있었습니다.

"다른 동물들 같았으면 좋겠어. 우리도 한번 싸워볼까? 그러면 아마도 다른 동물들이 우리를 좋아할 거야."

키 큰 여우가 말했습니다.

"네 말이 맞을지도 몰라. 우리도 다른 동물들과 비슷해질 필요가 있어."

다른 여우가 맞장구를 쳤습니다.

"그래? 그럼 시작하자!"

"근데 어떻게 시작하지?"

"가만, 생각 좀 해보자."

키 큰 여우가 말했습니다. 그는 길고 두꺼운 꼬리와 긴 주둥이를 내려다보았습니다. 동시에 개울 속에 반짝이는 조약

돌을 내려다보았습니다.

"우리 서로 물어볼까? 다른 동물들이 화가 나서 서로 물어 뜯고 싸우는 걸 많이 봤어."

"하지만 엄청 아플 거야."

다른 여우가 얼굴을 찌푸리며 말했습니다.

"맞아. 많이 아프겠지? 내가 너보다 더 크고 더군다나 넌 내 친구잖아. 너한테 해를 끼치고 싶지 않아. 그러면 일단 다른 동물들처럼 논쟁을 하다가 서로에게 화를 내는 건 어떨까."

키 큰 여우가 아이디어를 냈습니다.

"그게 더 낫겠다. 어떻게 하면 되지?"

"글쎄…. 저 개울 속에 있는 조약돌 두 개 보이지? 내가 어 떻게 시작하는 건지 먼저 보여줄게."

키 큰 여우는 앞발로 번쩍이는 조약돌을 집었습니다. 그러 고 나서 다른 동물들이 하는 것처럼, 독청을 높여 소리쳤습 니다.

"이 반짝이는 조약돌 두 개는 모두 내 거야. 네가 가질 수 없어. 알아든겠어?"

"그래, 알았어. 둘 다 네 돌이야. 난 갖고 싶지 않아. 네가 다 가져."

다른 여우가 대꾸했습니다.

키 큰 여우는 잠시 아무 말도 하지 않았습니다. 그리고는 잠시 후 다소 가라앉은 목소리로 말했습니다.

"우린 도저히 싸울 수 없나봐."

"맞아. 우린 좋은 친구야."

"잠깐! 다른 방법으로 다시 한 번 시도해보자. 잘 할 수 있을 거야."

이렇게 말한 키 큰 여우는 잠시 침묵하더니 긴 주둥이와 털이 많은 긴 꼬리를 쳐들고 또다시 목청을 높이며 소리쳤습니다.

"이 숲은 내 숲이야. 그러니 당장 이 숲에서 나가줘!"

이 말을 들은 다른 여우가 슬프게 말했습니다.

"미안해. 나는 너를 좋아하고 네가 내 친구였으면 좋겠어. 하지만 이 숲이 너의 것이고 네가 내가 나가길 바란다면, 내가 나갈게. 비록 내가 원하진 않지만 말이야. 이 숲은 멋지고 난 너를 좋아하지만, 이젠 다른 숲을 찾아볼게."

키 큰 여우는 놀라서 친구를 바라보았습니다. 그는 친구를 사랑했고 그에게 상처를 입히고 싶지 않았습니다.

"난 네가 가는 걸 원치 않아. 우리는 좋은 친구야. 우리는 함께 있는 걸 좋아하고 함께 노는 걸 좋아하잖아."

"네가 그렇게 말해줘서 너무 기뻐. 이곳을 떠나고 싶지 않아. 너와 함께 있고 싶어."

둘은 잠시 동안 아무 말도 하지 않았습니다.

잠시 후 키 큰 여우가 말했습니다.

"친구야! 우리 서로 싸우고 다투지 않는 게 낫겠어. 지금 모습 그대로 지내는 게 가장 좋다고 생각해. 다른 동물들이 어떻게 살아가든 우리는 이렇게 살자."

그래서 두 여우는 평생 좋은 친구로 살았습니다. 서로 다투는 적이 아닌… 친구.

그들이 그런 모습으로 남아서 너무나 기쁩니다.

– 대팔래치아 이야기

아무도 당신에게 대항하지 않는다면, 당신은 싸울 필요가 없다.
– 일본 속담

Lifting the Sky

하늘을 들어올리다

옛날 옛적에,

창조주가 여행을 하고 있었습니다.

그러나 그는 얼굴이 너무나 밝게 빛나서
아무도 그의 얼굴을 알아볼 수 없었습니다.

창조주는 여행을 시작하면서,
아주 많은 언어들을 챙겼습니다.

그리고 여행 중에 만나는 무리들마다 언어를 하나씩 건네

주었습니다.

　그가 다니는 곳마다 사람들은
　각기 서로 다른 특별한 언어를 가지게 되었습니다.

　한 아름다운 마을에 도착한 창조주는
　잠시 서서 주위를 둘러보았습니다.

　"오! 정말 아름다운 곳이로군!
　더 이상 갈 필요가 없겠어.
　여기 정착을 해야겠다.
　세상에서 이렇게 아름다운 곳은 한 번도 본 적이 없어."

　그러나 창조주의 손에는 여전히 너무나 많은 언어들이 남
아 있었습니다.
　그는 남은 그 언어들을 사방으로 흩뿌렸습니다.

　갑자기 사람들이 서로의 말을 이해하지 못했습니다.
　순식간에 엄청나게 많은 언어들이 생겨 버렸기 때문입니다.

　게다가 창조주는 너무 낮게 만들어 놓은 하늘을 그냥 놓아

두었습니다.

키가 큰 사람들은 하늘에 머리를 쿵 부딪쳤습니다.

또 어떤 사람들은 하늘나라로 기어 올라가기도 했습니다.

정상이 아니었습니다.

하늘나라란 올라가고 싶을 때 올라갈 수 있는 곳이어선 안
되기 때문입니다.

"도대체 어떻게 사태를 바로잡을 수 있을까?"

사람들이 걱정하기 시작했습니다.

"창조주가 하늘을 너무 낮게 만들어 놓았어. 더군다나 우
리는 서로의 말을 이해할 수도 없게 됐어. 소통할 언어도 없
는데 도대체 문제를 어떻게 해결하란 말이야?"

현자들이 한데 모였습니다.

그들이 청중들에게 말했습니다.

"이제 길은 하나입니다. 우리 이 한 단어를 배웁시다. 바로
이 한 단어 '야호!'

이 말은 '계속하라'는 뜻입니다. 이제 큰 장대를 하나씩 준비해 이 문제를 해결하도록 합시다!"

"우리 각자 장대를 만듭시다. 여기 장대를 만들 나무가 많이 있습니다. 그러니 여러분 모두 도와주십시오.

우리가 알아들을 수 있는 단어는 하나… '야호!' 이제 각자 장대를 만드십시오. 네 번이면 됩니다. 이것이 마법의 숫자입니다!"

그래서 사람들은 모두 모여 한 가지 언어를 익혔습니다.

"이제 우리의 힘으로 하늘을 들어올리자! 모두 함께…."

"야호!"

하늘이 겨우 조금 위로 올라가기 시작했습니다.

"모두 막대기로 하늘을 조금 더 올리자!"

"야… 아… 호!"

하늘이 처음보다 조금 더 위로 올라갔습니다.

"누가 밀지 않는 거야? 우리는 더 열심히 해야 돼! 더 큰소리로 외쳐보자!"

"야… 아… 아… 호!"
하늘이 조금 더 위로 올라갔습니다.

"마지막 네 번째다! 누가 아직도 최선을 다하지 않고 있는
거야! 이번이 마지막이다!"

"야… 아… 아… 호…!"
"와…! 우리가 해냈다!"

모든 사람들이 한마음, 한몸, 하나의 목표를 가지고 함께
노력했기 때문에, 하늘이 오늘날 위치만큼 높이 올라가 있는
것입니다.

하지만 모든 사람들이 한마음으로 하늘을 올리고 있는 동
안에도,
그 일에는 신경도 쓰지 않고
평소 자신들이 하던 대로 사슴을 쫓던
사냥꾼들이 있었습니다.

하늘이 내려와 있는 동안

사슴이 하늘나라로 뛰어 올라가자
사냥꾼들도 사슴을 따라 하늘로 뛰어 올라갔습니다.
그리곤 하늘이 위로 올라가자
그곳에 갇힌 그들은
북두칠성이 되었습니다.

또한 다른 사람들이 하늘을 올리고 있는 동안
함께 하는 일에는 신경도 쓰지 않고
평소에 하던 대로 고기를 낚던 어부들이 있었습니다.

하늘이 위로 올라가자
그들은 하늘나라에 갇혀
시조새가 되고 말았습니다.

그래서 우리는 이렇게 말하곤 합니다.

"깨어 있어라….
항상 깨어 있어라…."

함께 일하고,
공동의 목표를 향해 함께 노력하면
단 한 마디 말로도 엄청난 일을 할 수 있게 됩니다.

         - 태평양 북서부 이야기

한 방울 한 방울의 물방울이 모여 마침내 바다를 이룬다.
         - 페르시아 속담

The Advice of Hatim al-Asamm

하팀 알 아삼의 충고

하팀 알 아삼은 지금은 아프카니스탄에 자리 잡은 도시, 발흐 *Balk*에서 왔습니다. 그가 바그다드를 방문했을 때 사람들은 그에게 깊은 인상을 받았습니다. 사람들은 그를 둘러싸고 말했습니다.

"당신은 말주변 없는 비아랍인인데도, 어떻게 모든 사람을 침묵시킬 수 있나요."

그가 대답했습니다.

"내가 상대방을 극복하는 방법에는 세 가지가 있습니다. 첫째 나는 그가 옳을 때 행복합니다. 둘째 나는 그가 틀릴 때 슬픕니다. 셋째 나는 그에게 어리석은 행동을 하지 않으려고 노력합니다."

이 말을 들은 이븐 한발*Ibn Hanbal*이 하팀에게 무엇이 이 세계에서 인간성을 구원할 수 있느냐고 물었습니다. 그가 대답하길,

"거기에는 네 가지가 있습니다. 다른 사람의 무지를 받아들이는 것, 그들에게 당신의 것을 나누어주는 것, 그들을 당신의 물질로 괴롭히지 않는 것, 그리고 그들에게 그 무엇도 바라지 않는 것입니다.

— 이슬람교 일화

친절함은 능숙하게 분노를 억제한다.
— 일본 속담

PEACE

마음의 평화를 만드는 방법
PEACEMAKING TECHNIQUES

● 평화를 만드는 방법 1 : 쿠키를 절반으로 자르는 방법
● 평화를 만드는 방법 2 : 다툼의 막대
● 평화를 만드는 방법 3 : 눈으로 적을 보다

Halving the Cookie

쿠키를 절반으로 자르는 방법

문제 : 쿠키는 하나.

　　　아이는 둘.

해결책 : 먼저 한 아이가 쿠키를 절반으로 나눈다.

　　　그런 다음 다른 아이가 하나를 먼저 고른다.

― 미국 전통

The Argument Sticks

다툼의 막대

두 명의 어린 형제가 싸우고
있었습니다. 둘 중에 어느 누구도 자신이 틀렸다고 인정하려
들지 않았습니다.

처음엔 목소리를 높여 다투다가 이제는 막 욕까지 하고 있
었습니다.

어머니가 세 개의 회초리를 들고 왔습니다.

"이것은 특별한 다툼의 회초리란다. 이것이 너희들의 문

제를 풀어줄 게야.

둘이 힘을 합해 이 막대기들을 세워 놓아라.

막대기가 서 있을 수 있도록 잘 균형을 잡아라.

이대로 두고 한달 후에 다시 와보자.

회초리들이 북쪽으로 쓰러져 있으면, 북쪽에 세운 사람이
이 싸움에서 이기는 거야.

만약 남쪽으로 쓰러진다면, 남쪽에 막대기를 세운 사람이
이기는 거고."

소년들은 회초리를 집어 세워놓았습니다.

그리고 이 막대기들이 승부를 내줄 거라며 흡족해했습니다.

한달 후 소년들은 다툼의 막대기를 기억해내고

누가 다툼에서 이겼는지 알아보기 위해 다시 숲으로 돌아
왔습니다.

막대기들은 한꺼번에 쓰러져 썩어가고 있었습니다.

승리자는 없었습니다.

소년들은 애초에 무슨 일 때문에 다투게 되었었는지
기억조차 할 수 없었습니다.

― 이라크 이야기

Looking Your Enemy in the Eye

눈으로 적을 보다

여기 인디애나 주에 사는 한 어머니가 평화를 만들기 위해 이용한 방법이 있습니다.

그 딸은 어머니가 썼던 방법을 이렇게 회고합니다.

제겐 두 명의 여동생이 있었습니다. 만약 우리들 중 누구라도 놀다가 싸우면 어머니는 이런 방법으로 싸움을 해결하셨습니다.

의자 두 개를 가져와 몇 미터 떨어지게 마주 놓습니다.

그리고 싸운 두 사람을 거기에 앉게 합니다.

"앞으로 5분 동안 서로를 쳐다보고 있거라!"

이렇게 말한 어머니는 우리가 실제로 그렇게 하는지 감시하기 위해 옆에 계속 서 계십니다.

"제니퍼! 언니를 계속 보고 있어야지!"

엄숙하게 소리치는 어머니의 목소리에는 누구도 저항할 수가 없습니다. 얼굴을 마주보고 있는 게 너무 어색해서, 나는 슬그머니 마주 보고 있는 동생의 팔짱 낀 손 쪽으로 눈을 내리깝니다. 그러면 어머니는 또다시 명령합니다.

"동생의 얼굴을 봐야지! 동생의 눈을 쳐다봐!"

심술궂게 화난 상대방의 얼굴을 보면 키득키득 웃음이 나옵니다. 화도 나고 웃음도 나와 심지어 파르르 경련까지 일고 있는 서로의 얼굴을 보고 있자면 웃지 않고는 배길 수가 없습니다. 어느 샌가 우리는 큰 소리로 웃음을 터뜨리고 맙니다. 그제야 어머니는 최대한 근엄한 목소리로 말씀하십니다.

"이젠 가도 좋아."

우리가 다시 웃으면서 놀기 시작하면, 어머니는 슬그머니

미소 지으며 다시 부엌으로 돌아가십니다.

우리는 한 번도 그 의자에 5분 동안 앉아 있었던 적이 없습니다.

오랜 세월이 지난 지금, 어머니의 그 방법이 모든 싸움에 효과가 있었다고 생각하진 않습니다. 때로는 벌을 주는 편이 더 효과적일 때도 있었습니다.

그러나 의자에 앉아 나를 화나게 만든 상대의 눈을 쳐다보면서도 계속해서 화를 낸다는 게 얼마나 어려웠는지 아직도 기억에 생생합니다.

— 미국 가족 풍습

피스메이커

PEACEMAKERS

Turning Conflict Into Debate

세 마리 코요테

숲 속의 동물들은 너무 화가 나서 서로 전투를 하기로 했습니다. 너무 화가 나 한시도 기다릴 수가 없어서 즉시, 당장, 바로 그 순간 전쟁을 시작하기로 결정을 했습니다. 여우는 잘못을 오소리에게 돌렸습니다. 오소리는 모든 책임을 퓨마에게 전가했습니다. 산토끼는 몹시 당황하며 두더지와 쥐, 사슴과 곰에게 전쟁을 할 테니 전투용 곤봉과 날카로운 화살을 가져오도록 했습니다.

코요테가 그 자리에 도착했을 때는 이미 양쪽 팀이 나누어져 전투태세를 갖춘 상태였습니다. 서로를 향한 증오와 살육의 분위기가 숲 속을 가득 메우고 있었습니다.

　코요테는 상대를 무너뜨리고 말겠다는 협박과 굳은 결심을 들었습니다. 그는 적들 가운데로 천천히 걸어갔습니다. 그리곤 아주 엄숙하게, 부드러운 목소리로 선언했습니다.

　"나는 이 전쟁에 동의할 수가 없습니다. 전쟁을 시작하는 의식도 하지 않았습니다. 안 됩니다. 창조주는 지금 이 전쟁이 시작되는 걸 원치 않으실 것입니다."

　이때였습니다. 누군가 갑자기 줄에서 뛰쳐나와 코요테를 쳤습니다. 그러나 이상하게도 아무도 그 동물이 누구였는지 기억하지 못했습니다. 누구는 곰이라고도 했지만, 확실치 않았습니다. 코요테는 그 자리에 죽어 넘어졌습니다.

　급작스럽게 시작된 전쟁의 살기 속에서 동물들은 피를 부르는 위협적인 목소리를 높였습니다. 그때 줄에 서 있던 또 다른 코요테가 춤을 추고 곤봉을 휘두르며 앞으로 뛰어나왔습니다. 그는 죽은 동족에게 달려가 죽은 몸을 한 방 세게 후려치고는 고개를 돌려 군중들에게 소리쳤습니다.

　"내가 하기도 전에 누가 이 코요테를 친 거야? 그가 어떤 놈인지, 그가 어느 편인지, 알고 있었나? 그가 죽을 만한 죄를 지었는지 선량한 자였는지 알고 죽인 거냐 말이야."

"잔소리는 집어 치워!" 누군가 소리치면서 두 번째 코요테에게 달려가 그를 쳐 죽이고 말았습니다. 그것이 무엇이었는지 역시 아무도 기억하지 못했습니다.

이어 무리 중 왼쪽 편에서 또 한 마리의 코요테가 커다란 곤봉을 흔들면서 뛰어나와 쓰러진 동족들을 치기 시작했습니다. 그 동물들이 부러진 뼈와 헝클어진 털 뭉치, 틀어진 힘줄 덩어리로 바뀔 때까지 두들겨 팼습니다.

그리고 코요테는 쓰러진 동족들 위에서 승리의 춤을 추었습니다. 터져 나오는 분노를 축하라도 하는 듯 정말로 그 동족들의 시신 위에서 춤을 추고 있었습니다.

"전쟁터에서 종족을 죽이고 저렇듯 춤을 추다니 도대체 어떻게 된 일인가? 승리를 자축하고 있는 저 자는 대체 제정신인가?" 의아해 하는 무리 속에서 고슴도치가 외쳤습니다.

"내가 이 둘을 죽인 게 아니라면 누가 이들을 죽였는가? 이자들을 죽였다 주장하는 자는 앞으로 나오라. 나 말고 용감한 전사가 어디 누구였는지 당장 나와보라." 코요테가 소리쳤습니다.

그 누구도 선뜻 나서는 자가 없자, 코요테가 죽은 동족을 발로 툭툭 치면서 말했습니다. "그렇다면 틀림없이 이것은 나의 공이다!"

"내가 보기엔…" 사슴이 말했습니다.

"이건 분명히…" 사슴과 동시에 스컹크도 말을 꺼냈습니다.

"잠깐만 기다려봐…." 오소리도 한 목소리로 외쳤습니다.

코요테가 오소리의 주위를 돌면서 소리쳤습니다. "하하! 이들을 죽인 자 누구인지 나와 보란 말이다!"

거기 모인 동물들은 모두 술렁거리기 시작했습니다. 누가 죽였는가, 누가 죽이지 않았는가, 곳곳에서 새로운 주장이 터져 나왔고, 동물들은 그때마다 옳고 그름을 논박하며 토론에 빠져 들었습니다.

용사들의 아내들은 논쟁이 끝난 후 시장할 남편들을 위해 음식을 만들기 시작했습니다. 이 중요한 주제에 대한 논쟁 탓에, 금방이라도 서로 죽이고 말 것 같았던 분노 따위는 모두 잊었습니다.

죽어 넘어진 코요테 두 마리에 대해 모두들 잊어버리게 될 즈음, 세 번째 코요테가 쓰러진 그의 동료들의 시체를 끌고 한적한 언덕으로 올라갔습니다.

세 마리의 코요테는 뜨거운 물로 상쾌한 샤워를 한 다음, 자신들만 아는 부활의 노래를 불렀습니다. 죽었던 몸은 살아났고, 상처는 흔적 없이 사라졌습니다.

"아~ 참 매번 어려운 작업이야. 네가 나를 죽일 땐 솔직히 너무나 아팠어."

죽었던 첫 번째 코요테가 말했습니다.

"자, 어휴 몸을 쭉 펴야지. 끙…. 이봐, 때리기 전에 다음번엔 자네 차례라는 걸 잊지 말라구." 두 번째 코요테가 말했습니다.

"또 우리가 나설 일이 생기겠어? 안 그래?"

세 번째 코요테가 웃으며 덧붙였습니다.

"아니, 다시 생길 거야. 분명히…."

그리고는 세 마리의 코요테는 한 몸이 되어 멀리 숲 속으로 사라졌습니다.

― 미국 이야기

큰 싸움을 작은 싸움으로 바꿔라.
그리고 작은 싸움은 아무것도 아닌 것으로 바꿔라.
― 중국 속담

The Rose Prince

선택 _
장미 왕자

옛날 옛적에 숲 가장자리를 따라 장미 덩굴이 울창하게 자라고 있었습니다. 그 덩굴 속에는 너무나 아름다운 장미나무 한 그루가 있었습니다. 그 나무에 열린 꽃은 이제까지 이 세상에 피어났던 그 어느 장미보다 광채가 났습니다.

어느 날, 그 나무는 여느 때 피웠던 것보다 더 아름다운 꽃봉오리를 피워냈습니다. 그 꽃봉오리는 너무나 크고 무거워, 줄기가 무게를 채 버텨내지 못하고 구부려져 땅에 닿았습니다.

마침내 꽃봉오리가 열렸을 때, 그 안에는 작은 아이가 있었습니다. 장미가 사내아이를 낳은 것이었습니다!

때마침 그 나라의 여왕 롯다가 숲 주위를 산책하고 있었습니다. 그녀는 어디선가 들려오는 갓난아기의 울음소리를 들었습니다.

소리를 따라 장미 덩굴에 도착했을 때, 여왕은 꽃봉오리 안에 누워 있는 갓난아기를 발견했습니다. 그녀는 자신의 망토로 아기를 감싸 안고는 궁전으로 돌아왔습니다.

몇 주 후, 왕 로린이 전투에서 돌아왔습니다. 왕비의 방에 들어온 그는 그녀가 부드러운 천과 장미로 꾸며진 요람을 흔들고 있는 것을 보았습니다. 그 안에는 너무나 예쁘고 작은 아이가 누워 있었습니다. 로린과 롯다는 그 아이를 자기 아이로 받아들여 키우기로 했습니다.

그들 사이에는 아이가 없었고 여왕은 더 이상 아이를 가질 수도 없었습니다.

한때는 이 궁전도 일곱 사내아이의 웃음소리로 가득 찼던 때가 있었습니다. 하지만 차례대로 그 웃음소리는 사라져 갔

습니다. 끝이 보이지 않는 전쟁터에서 왕자들이 하나씩 죽어
갔기 때문입니다.

맨 처음 전쟁이 시작된 이유가 무엇이었는지는 기억 속에
서 사라진 지 오래입니다. 너무나 오래 전에 일어난 일이었
습니다. 하지만 로린 왕은 죽은 일곱 왕자의 복수를 위해 연
일 전쟁터로 나가 용감히 싸워나갔습니다.

로즈 왕자는 강하면서도 우아하게 성장했습니다. 왕은 그
에게 말을 타는 방법과 칼을 다루는 방법을 가르쳐주었고,
여왕은 악기를 다루는 방법과 시를 쓰는 방법을 가르쳐주었
습니다. 그는 장미로 가득한 숲 속과 여왕의 방에서 행복한
나날을 보냈습니다.

왕자가 어른이 되었을 때, 그는 기사 작위를 받았습니다.
작위 수여식이 있는 날 밤, 로즈 왕자는 방에 홀로 앉아 자신
의 갑옷을 바라보았습니다. 잠시 후 여왕이 그 방에 들어와
희미한 촛불 아래 함께 앉았습니다.
그리고는 로즈 왕자의 출생의 비밀을 조용히 알려주었습니
다. 그의 엄마는 왕비가 아니라, 장미라는 사실을 말입니다.

어스레한 새벽녘 어느 날, 왕자는 왕 앞에 무릎을 꿇고 과 거부터 잘못되어 온 비극을 자신이 바로 잡겠다고 굳게 약속 을 했습니다. 드디어 그도 전쟁터에 나가게 된 것이었습니다. 그는 어머니에게 작별의 키스를 한 다음, 왕과 함께 말을 타고 전쟁터로 향했습니다.

태양이 질 무렵, 왕자는 사방이 비명소리와 피 냄새로 가득 한 전쟁터에 서 있었습니다. 로즈 왕자는 그의 아버지가 적의 창에 맞아 말에서 떨어지는 모습을 지켜보았습니다. 그리고 곧 이어 아버지의 죽어가는 신음소리와 자신을 위해 복수해 달라는 애원소리를 들었습니다. 순간 로즈 왕자는 세상의 모 든 분노가 자신 안에 가득 차는 것을 느낄 수 있었습니다.

생각할 겨를도 없이 순식간에 말을 집어타고 아버지를 죽 인 원수를 쫓아 숲으로 달려갔습니다. 원수를 발견한 그는 상 대를 말에서 떨어뜨리고 적의 손에서 창을 떨어뜨렸습니다.

원수를 죽이려고 자신의 창을 높이 휘두르는 순간, 그는 소나무 아래에 있는 야생 장미를 보았습니다. 장미 위에는 한 방울의 피가 떨어져 있었습니다. 자신의 온 몸을 감싸던

204

엄청난 증오도, 마음속을 맴돌던 살인의 그림자도, 그 장미를 보자 순식간에 사라졌습니다. 왕자는 아버지를 죽인 원수에게 소리쳤습니다.

"달아나라! 내가 온전한 정신일 때 도망가라!"
이 말을 들은 원수들이 일제히 도망을 치기 시작했습니다. 왕자는 숲의 적막함 속에 홀로 남았습니다. 왕자는 그 곳에서 이 끔찍한 살상을 마감하기로 결심했습니다.

장미 왕자는 숲에서 빠져나와 다시 전쟁터로 돌아왔습니다. 사방에 떨어진 깃발을 모아 머리 위로 높이 쳐들었습니다.
"이 전쟁을 끝내겠노라!"

그의 목소리가 황량한 전쟁터에 울려 퍼졌습니다. 한 명씩 한 명씩 군인들이 싸움을 멈추었습니다. 왕자는 부드럽게 항복과 화해의 말을 하기 시작했습니다. 그의 메시지는 사랑과 헌신에서 우러나온 것이었습니다.
군인들이 각자 뒤로 돌아 집으로 향하였습니다. 그리하여 아무도 전쟁터에 남지 않았을 때, 그는 서서히 숲으로 발길을 돌렸습니다.

숲으로 걸어 들어간 그가 외쳤습니다.

"나는 숲, 바로 너의 일부분이다! 화려한 꽃을 피우는 장미 나무는 어디에 있는가?"

그러자 숲 속에 있던 나이팅게일이 대답했습니다.

"그 장미는 죽었습니다. 그녀는 너무나 고귀했고, 자신의 꽃으로 왕자를 한 명 낳았습니다."

"내가 바로 그 왕자다! 여전히 나의 피에는 장미의 기운이 흐르고 있다. 나는 그 향기와 아름다움이 넘치는 삶으로 돌아가길 원한다. 나는 이 인간 세상을 떠나고 싶다."

나이팅게일이 대답했습니다.

"친애하는 왕자님! 제가 당신과 함께 하겠습니다. 그리고 당신이 다시 장미로 돌아갈 수 있도록 노래하겠습니다."

왕자는 자신이 태어난 곳이라 나이팅게일이 일러준 땅에 무릎을 꿇었습니다. 밤이 되자 나이팅게일이 노래하기 시작했습니다. 그 멜로디는 세상의 모든 사람에게 울려 퍼졌습니다.

왕자는 서서히 흙과 모래 안으로 가라앉기 시작했습니다.

그의 팔과 다리는 땅에 뿌리를 내렸습니다. 새벽이 되자 키가 크고 가시 하나 없는 장미 나무 한 그루가 꽃을 피웠습니다. 그 장미가 그 곳에 살아 있는 한 그 나라에는 평화가 계속되었습니다.

— 루마니아 이야기

살아간다는 것은 축복이 아니다.
어떻게 살아갈지 아는 것이 축복이다.
— 멕시코 속담

A Legend of Avalokitesvara

관세음보살의 전설

　　　　　　　관세음보살은 세상의 수많은
지옥, 고통 받는 수많은 인간들을 내려다보았습니다.

　그 장면을 보고 마음속으로 굳은 결심을 했습니다.

　'내가 저 인간들을 지옥의 고통으로부터 해방시켜 주리라!'

　그리고 오랜 세월 동안, 그 약속을 지키기 위해 모든 지옥
을 돌아다니며 자신의 임무에 최선을 다했습니다. 마침내 그
의 일이 끝났습니다.

　위대한 보살은 자신의 이마에 맺힌, 마치 반짝이는 다이아
몬드와도 같은 땀을 닦아내며, 이제는 텅 비어버린 지옥을

내려다보며 미소 지었습니다.

이제 그분의 일이 끝났습니다. 조금 전까지 저 아래에 있는 거대한 동굴은 온통 지옥에서 고통 받는 인간들의 신음소리로 가득 찼었습니다.

하지만 이제, 상황이 바뀌었습니다. 더 이상 신음소리도, 사나운 불길도, 거대한 불가마도 사라지고 없었습니다.

달콤한 침묵이 흘렀습니다. 심지어 이제는 악마까지도 저 지옥에서 풀려나 모두 사라졌습니다. 이 모든 일은 인정 많으신 한 분의 훌륭하신 노력 때문에 가능한 것이었습니다.

그런데 이게 또 무엇입니까? 갑자기 다시 울부짖는 비명소리가 들려왔습니다. 불길이 치솟고 사방이 다시 뿌옇게 피어오르는 연기로 가득했으며, 피로 가득한 불가마가 미친 듯이 끓기 시작했습니다. 관세음보살의 얼굴에 퍼지던 미소도 사라졌습니다. 다시 한 번 세상은 지옥으로 가득 찼습니다. 행복한 시간은 너무나 짧았습니다.

관세음보살의 마음은 슬픔으로 가득 찼습니다. 잠시 후 그의 얼굴이 백 개로 나뉘어졌습니다. 그의 팔 역시 백 개의 팔로 분리되어 사방으로 흩어졌습니다.

그의 백 개의 머리가 고통 받는 사람들을 살리기 위해 사방으로 흩어졌습니다. 백 개의 팔이 또한 고통 받는 사람들을 살리기 위해 사방으로 뻗어나갔습니다.

백 개의 팔과 머리는 붙어 각각 온전한 사람이 되었습니다. 이제 백 명의 위대한 관세음보살은 다시 한 번, 끝이 보이지 않는 일에 착수했습니다.

— 인도 이야기

 어떤 나무도 절대 한 번의 바람에 쓰러지지 않는다.
- 핀란드 속담

하늘을
지탱하기

어느 날, 코끼리는 한 마리 새가 등을 깔고 바닥에 누워 있는 것을
보았습니다. 그 새는 작은 발을 공중으로 쭉 뻗고 있었습니다.

"도대체 거기서 뭘 하고 있는 거야?"
이상한 자세로 누워 있는 새를 보고, 너무나 궁금한 나머지 코끼리
가 물었습니다.

"오늘 하늘이 무너진다는 소식을 들었어! 그래서 만약의 사태에 대
비해서 내 발로 하늘을 지탱하고 있는 거야."
새가 대답했습니다.

그 말을 들은 코끼리는 기가 차서 큰 소리로 비웃으며 말했습니다.
"그 작은 발로 정말 하늘을 지탱할 수 있을 거라 생각하는 거니?"

"물론 혼자서는 안 되겠지!

하지만 아무리 나 혼자라도 할 수 있는 한 최선을 다해야 한다고 생
각해.

그리고 이게 내가 할 수 있는 최선의 방법이구!"

— 중국 이야기

작가의 말 _ 이 책을 읽는 분들에게

민속학자이자 작가로서 필자는, 우리 동시대의 문화가 간직하고
있는 '평화'에 대한 전설이나 민담들을 '의무감을 가지고' 하나씩
모아왔습니다.
이야기를 모으기 전부터 막연하게 예상했던 대로, 우리 주변에는
협동이나 평화로운 공존에 대한 이야기보다 자기 방어적이거나 대
결과 승리라는 폭력적 구조를 가진 주제들이 훨씬 많았습니다.
그러나 그 중에서도 나는 '우리가 평화로워지는 것은 가능하다'는
희망의 증거로 삼을 만한 흥미로운 자료들을 몇 가지 발견했습니다.

그리고 여기 그 중에서도 독자들이 생각할 만한 주제를 제시할 수
있다고 여겨지는 몇 가지를 골라 실었습니다. 몇몇은 아이들이나
성인들에게 평화에 대해 교육할 때 사용할 수 있는 이야기들이며,
다른 몇몇은 여럿이 함께 낭독하거나 혼자 읽기에 적절한 이야기
들입니다.

많은 사람들은 '자유'와 '평화'를 혼동합니다. 그러나 이 두 가지는 결코 같은 개념이 아닙니다. 때로 평화를 달성하기 위해서 우리는 자유를 포기해야 합니다. 행복한 공존, 평화의 핵심은 '내 이웃이 평온하지 못하다면 나 역시 평온할 수 없다는 사실을 아는 것'입니다.

이 책의 자료를 찾기 위해 나는 수없이 많은 이야기들을 뒤졌습니다. 아주 쉽게, 마음만 바꾸면 화합을 이룰 수 있다는 요지의 이야기들은 내 관심을 끌지 못했습니다. 전쟁에서 승리하면 평화를 성취할 수 있다는 이야기 역시 마찬가지였습니다.
평화에는 끊임없는 노력이 필요합니다. 평화 만들기란 절대 끝나지 않을지 모르는 어려운 작업입니다.

작가인 마샤 레인*Marcia Lane*는 그녀의 논문, 〈스토리 : 평화의 목소리, 평화와 창조적인 문제해결을 위한 아젠다〉에서 몇 가지 훌륭한 제안을 하고 있습니다.

사람들에게 '평화로운 생각'을 하라고 말하는 것은, 마치 하늘을 날라고 말하는 것처럼 아무런 소용이 없다. 그렇다면 어떻게 인간 내면의 조화와 사람들 간의 평화를 촉진시킬 수 있을까?

이야기를 통해서라면 다음 세 가지를 이룰 수 있다.

- 자기 내면을 들여다볼 수 있도록 도와준다.
- 스스로 갈등을 해결할 수 있도록 힌트를 준다.
- 긍정적인 가치관, 즉 자기 내면의 힘과 인간이라면 누구나 타고나는 윤리의식을 깨어나게 한다.

우리들은 이런 목적을 이룰 수 있는 도구들을 충분히 가지고 있다. 창의적인 문제해결을 북돋울 수 있는 이야기나 노래, 시, 게임 등을 새삼스럽게 거발할 필요가 없다.
이미 당신 앞에 놓여 있는 수많은 자원들에 대해 눈과 귀를 열고 생각해보라. 긍정
적인 메시지를 주는 것, 폭력에 대한 대안을 주는 것, 선입견을 버리게 하는 것, 협동
과 협력을 일깨우는 것…. 수없이 많은 것들이 우리에게 있다.

평화를 가르치기 위해 우리가 알고 있는 신화와 전설이 가진 모험이나 위험, 대결,
갈등 등의 요소를 인위적으로 제거할 필요는 없다.
오히려 우리 삶에 현존하는 그런 다양한 양상 속에서 무엇을 선택할지 판단을 내릴
수 있도록 도와주어야 할 것이다.

세계의 전설 등을 연구하면서, 나는 모순으로 가득하고 잔인하고
슬프고 안타까운 그 모든 이야기들이 결국 우리 인간의 마음을 투
영한 '거울'이라는 결론을 내리게 되었습니다.
역사적 사실이든, 지구상에 인간이 존재하는 곳이 어디서 만들어진

이야기든, 모든 이야기는 비슷한 주제와 관심거리에 의해 반복되고 변형되고 구성되어 거의 똑같은 결론에 도달하고 있었습니다.

우리가 찾을 수 있는 과거 인간의 이야기들은 거의 대부분 갈등 해결보다 속임수나 힘 대결로 결론지어집니다. 우리가 서로 융합하지 못하는 우리의 본성을 바로잡는 일이, 수많은 이야기들의 결론을 바꾸는 일이, 과연 가능한 일일까요?

물론 도전할 만한 가치가 있는 일일 것입니다.

지은이 소개 — 마가렛 리드 맥도널드 *Margaret Read MacDonald*

워싱턴대학과 하와이대학에서 교육학 석사, 인디애나대학에서 민속학 박사 학위를 받은 마가렛 리드 맥도널드 박사는 이야기 전문가이자, 민속학 연구가로 전 세계에서 수집한 전설과 민담, 설화와 옛 이야기를 통해 유익한 교육자료를 만드는 일을 하고 있다.

이 책 외에도 30여 권이 넘는 이야기 책을 펴냈으며, '이야기와 노래 짧은 율동 등을 통해 아동들에게 올바른 가치를 가르치는 방법'에 대한 부모와 교사를 위한 워크숍을 전 세계적으로 개최하고 있다. 또한 미국과 캐나다, 호주, 뉴질랜드, 일본, 싱가폴, 태국, 브라질, 프랑스 등 세계 곳곳에서 '이야기를 통해 감동적이고 생생한 교육'을 가능케하는 교사 대상 강연에 초빙돼 바쁜 나날을 보내고 있다.

또한 워싱턴대학과 레슬리대학에서 스토리텔링 과정을 가르치고 있다.

옮긴이 소개 — 이유경

부산대학교 영문과를 졸업하고 전문 번역가로 활동중이다. 옮긴 책으로는 《탐험의 전략에서 배우는 경영의 나침반》, 《화해의 심리, 이별의 심리》 등이 있다.

한언의 사명선언문

Our Mission

一. 우리는 새로운 지식을 창출, 전파하여 전 인류가 이를 공유케 함으로써 인류문화의 발전과 행복에 이바지한다.

一. 우리는 끊임없이 학습하는 조직으로서 자신과 조직의 발전을 위해 쉼없이 노력하며, 궁극적으로는 세계적 컨텐츠 그룹을 지향한다.

一. 우리는 정신적, 물질적으로 최고 수준의 복지를 실현하기 위해 노력하며, 명실공히 초일류 사원들의 집합체로서 부끄럼없이 행동한다.

Our Vision   한언은 컨텐츠 기업의 선도적 성공모델이 된다.

저희 한언인들은 위와 같은 사명을 항상 가슴 속에 간직하고
좋은 책을 만들기 위해 최선을 다하고 있습니다.
독자 여러분의 아낌없는 충고와 격려를 부탁드립니다.

- 한언가족 -

HanEon's Mission statement

Our Mission

一. We create and broadcast new knowledge for the advancement and happiness of the whole human race.

一. We do our best to improve ourselves and the organization, with the ultimate goal of striving to be the best content group in the world.

一. We try to realize the highest quality of welfare system in both mental and physical ways and we behave in a manner that reflects our mission as proud members of HanEon Community.

Our Vision
HanEon will be the leading Success Model of the content group.